Inhaltsverzeichnis

VORWORT

Eine Sammlung von Arbeitsblättern zu den Bereichen *Familie, Gesellschaft* und *Arbeitsleben* – passt das thematisch überhaupt zusammen?

Wir sind der Meinung, dass schon ein Blick auf die nebenstehende Karikatur den Zusammenhang dieser drei Themen zur Genüge verdeutlicht, auch wenn die Zeichnung den Aspekt der noch immer nicht komplett realisierten Gleichberechtigung der Geschlechter stark akzentuiert: Mann und Frau vor einem Wettlauf. Beide hocken – scheinbar gleichberechtigt – auf der Startlinie.

©Tomicek

Gleichgültig, ob dieser Wettlauf nun den privaten Lebenslauf, die berufliche Karriere, den gesellschaftlichen Aufstieg, die Verwirklichung der eigenen Lebensräume oder anderes symbolisiert: Die Reihenfolge des Zieleinlaufs ist von vornherein abzusehen. Die offiziell bestehende formale Gleichheit entpuppt sich als Scheingleichheit, denn die gesellschaftlichen Strukturen und Verhältnisse wirken unmittelbar in alle Bereiche unseres Lebens hinein.

Dies ist natürlich in der menschlichen Geschichte schon immer so gewesen. Als historisch neu fällt auf, was ein Bamberger Soziologe die Ausweitung der *entscheidungsoffenen Bereiche* unseres Lebens nennt:

Die Entgrenzung des Lebens macht uns zu Katalogblätterern, zu Menü-Kompositoren, zu Möglichkeitsmanagern. Was beim Gang durch einen Supermarkt sinnlich erfahrbar wird, die tausendfache Auffächerung der Möglichkeiten, … ist kennzeichnend für das Alltagsleben in unserer Gesellschaft schlechthin.

(Gerhard Schulze, Entgrenzung und Innenorientierung. In: Gegenwartskunde 4/1993, S. 405 ff.)

Zurückbezogen auf die Karikatur: Hinter den beiden Startenden liegt eine Fülle von Entscheidungen, die beide im bisherigen Verlauf ihres Lebens getroffen haben und auch treffen mussten – z. B. die, Kinder zu bekommen, eine feste Partnerschaft einzugehen, einen möglichst qualifizierten Schulabschluss zu schaffen, beruflich Karriere machen zu wollen usw. Die Gesellschaft früher war in weiten Bereichen geprägt durch „Rollenidentitäten", d.h. durch normative Orientierungsschemata oder – in Schulzes Begrifflichkeit – „entscheidungsverschlossene Lebensbereiche". Was „man" tat und ließ, das bestimmte zu einem guten Teil die soziale Realität,

in die man hineingeboren wurde. Das Hinführen des Kindes bzw. des Jugendlichen zum Erwachsenenstatus war streng ritualisiert. Der Beruf des Vaters bzw. die Hausfrauentätigkeit der Mutter waren die Orientierungspunkte für die Berufswahl der Kinder. Daneben bedingten Lebensweise und Schichtzugehörigkeit der Eltern die Zukunft der folgenden Generation.

Die heutige Gesellschaft ist nicht mehr von einer derartigen Stabilität und Kontinuität geprägt. Im Gegenteil, das beherrschende Schlagwort der so viel zitierten „Postmoderne" lautet (wie schon der Titel eines alten Cole-Porter-Songs) *anything goes*. Menschliche Beziehungen fallen auseinander in unterschiedliche Handlungssysteme, in denen z.T. völlig verschiedene Wertvorstellungen, Ziele und Verhaltensnormen herrschen. Der Beruf des Vaters (oder der Mutter) hat heute für kaum noch einen Jugendlichen primäre Orientierungsfunktion. Identitätskrisen, Neuorientierungen, Ein- und Umbrüche der eigenen Biografie sind in der Gegenwart schon fast der Normalfall. Für heutige Erwachsene wird es offensichtlich zunehmend typisch, konsistente, fixe Lebensentwürfe nur noch für gewisse Lebenszeiträume und nicht mehr für das ganze Leben zu planen. Diese Abschnitte werden unterbrochen durch Phasen der Suche oder Verunsicherung, die häufig verbunden sind mit mehr oder weniger radikalen Neuorientierungen. *Der Einzelne wird zum Planungsbüro seiner eigenen Biographie.* (Schulze, ebd.)

Wir möchten mit dieser Sammlung von Arbeitsblättern dazu beitragen, die Grundlagen dieser Entscheidungsprozesse im Unterricht möglichst bewusst und transparent zu gestalten.

Johannes Greving
Daniela Haverkamp
Matthias Höfer

FAMILIE: ASSOZIATIONEN UND ROLLEN

➡ In der folgenden Tabelle sind Begriffe aufgeführt, die du bitte spontan (d.h. ohne lange nachzudenken) den Rollen von Vater, Mutter, Sohn oder Tochter zuordnen sollst, indem du ein Kreuz in das jeweils entsprechende Feld machst.

	Vater	Mutter	Tochter	Sohn
Trost				
Essen				
Kind				
Musik				
Streit				
Sonne				
Lernen				
Werkzeug				
Blume				
Fernsehen				
Konto				
Fahrrad				
Kochbuch				
Garten				
Zeitung				
Schlüssel				
Herd				
Ruhe				
Computer				
Windel				
Bier				
Frieden				
Auto				
Hemd				
Rasenmäher				
Sport				
Geld				
Strafe				

➡ Sammelt im Klassenverband die Ergebnisse (z.B. auf einer Folie

➡ Versucht Begründungen für besonders häufig oder besonders selten auftretende Zuordnungen zu finden. Sammle hier erste Stichworte für die Begründung.

FAMILIE FRÜHER UND HEUTE

Die folgenden Zeilen stammen aus dem Gedicht
„Das Lied von der Glocke", das der deutsche
Dichter Friedrich Schiller 1799 veröffentlicht hat.
Hier sind nur einige Verse des sehr langen
Werkes abgedruckt.

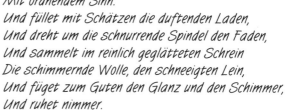

(...)

Denn wo das Strenge mit dem Zarten,
Wo Starkes sich und Mildes paarten,
Da gibt es einen guten Klang.
Drum prüfe, wer sich ewig bindet,
Ob sich das Herz zum Herzen findet!
Der Wahn ist kurz, die Reu ist lang.
Lieblich in der Bräute Locken
Spielt der jungfräuliche Kranz,
Wenn die hellen Kirchenglocken
Laden zu des Festes Glanz.
Ach! des Lebens schönste Feier
Endigt auch den Lebensmai,
Mit dem Gürtel, mit dem Schleier
Reißt der schöne Wahn entzwei.
Die Leidenschaft flieht!
Die Liebe muss bleiben,
Die Blume verblüht,
Die Frucht muss treiben.
Der Mann muss hinaus
Ins feindliche Leben,
Muss wirken und streben
Und pflanzen und schaffen,
Erlisten, erraffen,
Muss wetten und wagen,
Das Glück zu erjagen.
Da strömet herbei die unendliche Gabe,
Es füllt sich der Speicher mit köstlicher Habe,
Die Räume wachsen, es dehnt sich das Haus.
Und drinnen waltet

Die züchtige Hausfrau,
Die Mutter der Kinder,
Und herrschet weise
Im häuslichen Kreise,
Und lehret die Mädchen
Und wehret den Knaben,
Und reget ohn' Ende
Die fleißigen Hände,
Und mehrt den Gewinn
Mit ordnendem Sinn.
Und füllet mit Schätzen die duftenden Laden,
Und dreht um die schnurrende Spindel den Faden,
Und sammelt im reinlich geglätteten Schrein
Die schimmernde Wolle, den schneeigten Lein,
Und füget zum Guten den Glanz und den Schimmer,
Und ruhet nimmer.

Und der Vater mit frohem Blick
Von des Hauses weit schauendem Giebel
Überzählet sein blühend Glück,
Siehet der Pfosten ragende Bäume
Und der Scheunen gefüllte Räume
Und die Speicher, vom Segen gebogen,
Und des Kornes bewegte Wogen;
Rühmt sich mit stolzem Mund:
„Fest, wie der Erde Grund,
Gegen des Unglücks Macht
Steht mir des Hauses Pracht!"
(...)

➡ Beschreibe das von Schiller geschilderte Familienleben mit eigenen Stichworten.

_____

_____

➡ Was hat sich nach deiner Erfahrung bis heute verändert, was ist (vielleicht auch nur andeutungsweise)
geblieben, wie es damals war?

_____

_____

➡ Schildere in ähnlicher Weise wie Schiller im obigen Beispiel das Leben einer modernen Familie.

HAUSHALT UND FAMILIE

In der folgenden Tabelle sind viele Tätigkeiten aufgeführt, die im Haushalt und im Familienleben alltäglich anfallen.

➔ Wer ist für die genannten Aufgaben bei euch zu Hause verantwortlich? Kreuze in der Tabelle an.

➔ Wenn du der Meinung bist, dass diese Arbeitsverteilung nicht gerecht ist, kannst du dies in den vorgesehenen Spalten durch Ankreuzen kennzeichnen. Nummeriere deine Änderungsvorschläge und ordne ihnen jeweils eine kurze Begründung auf der Blattrückseite zu.

➔ Wenn du meinst, dass einige wichtige Tätigkeiten fehlen, ergänze sie in der Tabelle.

Tätigkeit	Macht der Vater	Macht die Mutter	Macht das Kind	Sollte Vater machen	Sollte Mutter machen	Sollte Kind machen
Geld abheben						
Zur Bank gehen						
Rechnungen zahlen						
Essen kochen						
Tisch decken						
Brötchen kaufen						
Lebensmittel kaufen						
Staubsaugen						
Wäsche waschen						
Geschirr spülen						
Auto waschen						
Fahrräder putzen						
Treppen und Flure fegen						
Fenster putzen						
Blumen gießen						
Computer warten						
Bügeln						
Urlaub planen						
Steuererklärung anfertigen						
Kranke/alte Familien- mitglieder pflegen						

(Nach: Paul Hoffacker/Peter Teckentrup: Familienszenen – Beispiele heutiger Familienwirklichkeit, Annweiler-Essen: Plöger, 1989)

GENERATIONENKONFLIKTE

In der Shell-Studie des Jahres 2000, einer von Shell geförderten Untersuchung, die alljährlich die Situation und das Selbstverständnis der Jugendlichen in Deutschland beschreibt, wurde u. a. das Verhältnis Jugendlicher zu ihren Eltern untersucht. Es gestalte sich sehr partnerschaftlich, stellten die Wissenschaftler fest:

> Von den deutschen Jugendlichen ... werden die Eltern sehr viel häufiger und deutlicher als früher als Vertrauenspersonen wahrgenommen. Sie sprechen in der Mehrzahl erheblich weniger von strenger Erziehung durch Vater und Mutter und wollen sehr viel öfter den selbst erfahrenen Erziehungsstil auch bei den eigenen Kindern fortsetzen. Sie erleben mehrheitlich ihre Eltern als Partner, die sich viel Mühe geben, sie zu unterstützen und zu beraten – und dies auf längere Zeit als früher. Ihre Verselbstständigung geschieht nicht im Konflikt, sondern geradezu in Absprache mit den Eltern; bei ihren Ablösungsversuchen fühlen sie sich von ihnen unterstützt. Trotzdem haben wir hiervon abweichende, in manchen Aspekten auch problematische Verhältnisse gefunden bei der Unterschicht und bei manchen Gruppen unter den Ausländern, besonders bei den muslimischen Mädchen.

Jugend 2000. 13. Shell-Jugendstudie. Hrsg. von Arthur Fischer, Yvonne Fritzsche, Werner Fuchs-Heinritz, Richard Münchmeider (Konzeption und Koordination). Wiesbaden: Leske und Budrich, 2000, zit. nach: http://www.learn-line.nrw.de/angebote/uekontaktschulen/medio/Folien/pdf/ShellStudie00.pdf, S. 14f.

➡ Versuche, aus den gegebenen Materialien eine allgemeine Erklärung für den Begriff des Generationenkonfliktes zu geben.

_____

_____

_____

➡ Welche Gründe könnte es nach deiner Meinung und Erfahrung dafür geben, dass Generationskonflikte in verschiedenen Bevölkerungsgruppen unterschiedlich ausgeprägt auftreten?

_____

_____

Eine fiktive Fallstudie:

Eine türkische Familie lebt seit 15 Jahren in Deutschland, spricht aber nur mäßiges Deutsch und ist sehr den heimatlichen und muslimischen Traditionen verhaftet. Ihre Tochter ist in Deutschland geboren. Sie hat Berufswünsche, die sich mit dem Lebenswandel und den Traditionen der Familie nicht oder nur schlecht vereinbaren lassen.
Standpunkt der Tochter: Y. ist in der 9. Klasse einer Realschule. Sie will einmal eine Ausbildung als Kauffrau in einem Reisbüro machen, weil sie sich für den Umgang mit Menschen und für fremde Länder sehr interessiert. Das Kopftuch trägt sie nur ungern, denn es schließt sie von vielem aus, was sie mit ihren vielen Freunden machen möchte. Und an ihrer Lehrstelle, für die sie schon eine Zusage hat, kann sie es ohnehin nicht tragen. Standpunkt der Eltern: Y. ist die einzige Tochter. Sie soll im muslimischen Glauben erzogen werden und später heiraten und natürlich eine Familie gründen. Gegen die Ausbildung als Kauffrau haben die Eltern nichts, solange Y. diese Ziele nicht aus den Augen verliert. Wegen ihrer Freunde gibt es häufig Streit, die Eltern möchten, dass Y. öfter zu Hause bleibt und abends nicht so lange unterwegs ist.

➡ Welche Lösungen bieten sich für den beschriebenen Fall an? Plane in einer Arbeitsgruppe ein Rollenspiel, in dem die verschiedenen Möglichkeiten ausgelotet werden können.

GLEICHGESCHLECHTLICHE PAARE – DIE BESSEREN ELTERN?

Die Journalistin Ursula Ott ist sich in der bekannten Frauenzeitschrift *Brigitte* völlig sicher, und sie bezieht sich in ihrem Artikel auf wissenschaftliche Untersuchungen:

> Sie sind zum Beispiel die besseren Paare. … Die Homo-Paare lösten ihre Konflikte mit mehr Humor und Wärme. … Die besseren Eltern sind Homosexuelle auch. Familienforscher an der Universität Wien verglichen traditionelle Elternpaare mit schwulen Vätern und lesbischen Müttern — letztere hatten ihre Kinder meist aus früheren Ehen oder aus einer Samenspende. Siehe da, die Homo-Paare stritten deutlich weniger über die Fragen: Wer wechselt die Windeln? Wer verdient das Geld? Zudem haben sie mehr Verständnis für ihre Kinder.

(*Brigitte* Nr. 14/2004, S. 141)

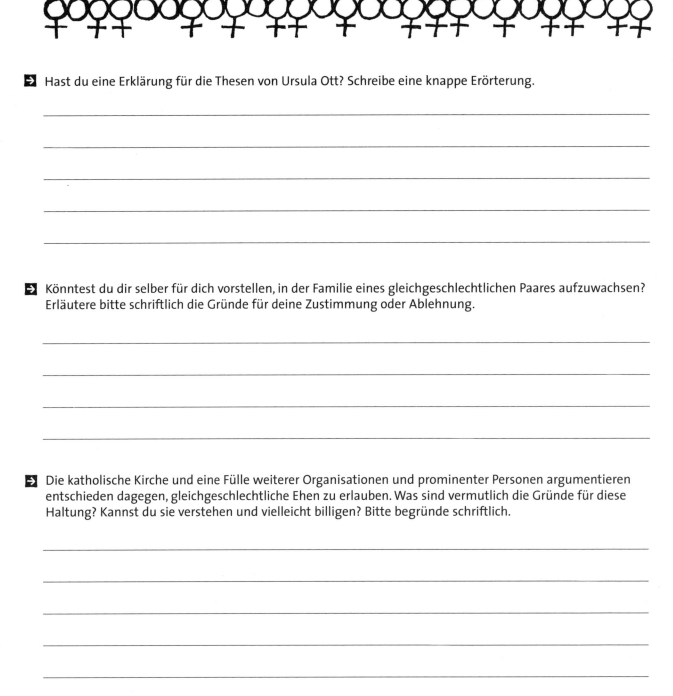

➡ Hast du eine Erklärung für die Thesen von Ursula Ott? Schreibe eine knappe Erörterung.

_____

_____

_____

_____

➡ Könntest du dir selber für dich vorstellen, in der Familie eines gleichgeschlechtlichen Paares aufzuwachsen? Erläutere bitte schriftlich die Gründe für deine Zustimmung oder Ablehnung.

_____

_____

_____

_____

➡ Die katholische Kirche und eine Fülle weiterer Organisationen und prominenter Personen argumentieren entschieden dagegen, gleichgeschlechtliche Ehen zu erlauben. Was sind vermutlich die Gründe für diese Haltung? Kannst du sie verstehen und vielleicht billigen? Bitte begründe schriftlich.

_____

_____

_____

_____

_____

SOZIALKUNDE

Familie und Gesellschaft

WO BLEIBEN DIE KINDER?

Ein kurzer Ländervergleich innerhalb Europas deutet die großen Unterschiede an, die etwa zwischen Deutschland und Frankreich bestehen, was die Bevölkerungsentwicklung betrifft.
Als Charles de Gaulle, damaliger Präsident Frankreichs, 1945 sein Land vom Aussterben bedroht sah, ließ er folgenden Aufruf veröffentlichen: „Frankreich braucht zwölf Millionen Babys."
Auch in Deutschland fehlt heute der Nachwuchs. Nur hätte ein solcher Aufruf in unserem Land einen negativen Beigeschmack, denkt man an die Bevölkerungspolitik zur Zeit des Nationalsozialismus.

Was ist nun in Frankreich anders als in Deutschland?

In Deutschland bekommt eine Frau durchschnittlich 1,29 Kinder, in Frankreich sind es 1,9 Kinder pro Frau. In Frankreich gehen 80 % der Französinnen mit zwei Kindern ihrem Beruf nach, in Deutschland nur knapp 60 %. In Deutschland bleiben Akademikerinnen häufiger kinderlos als Frauen mit Hauptschulabschluss. Der Kinderwunsch in Frankreich steigt mit zunehmender Bildung und gehobener Berufsposition. Der Familiensoziologe François de Singly von der Sorbonne nennt einen Ausweg aus dem Dilemma des fehlenden Nachwuchses, das Deutschland und andere europäische Länder plagt: „Französinnen wenden sich deshalb wieder Nachwuchs und Familie zu, weil niemand mehr ihr Recht auf einen Beruf in Frage stellt."
(zit. nach: DIE ZEIT, 26.2.2004)

➡ Erkläre in eigenen Worten, was der Satz des Soziologen François de Singly bedeutet, indem du zunächst klärst, was der Soziologe überhaupt meint.

_____

_____

_____

„Bezahlte Arbeit ist konstitutiv für die Identität der französischen Mutter", sagt die französische Soziologin Jeanne Fagnani (ebd).

➡ Befragt erwachsene Frauen aus eurem Familien- und Freundeskreis zu ihrer Meinung in Bezug auf die Situation berufstätiger Mütter in Deutschland. Tragt die Antworten im Unterrichtsgespräch zusammen und diskutiert sie.

➡ Welche Maßnahmen sind notwendig und realisierbar, damit auch hierzulande wieder mehr Kinder aufgezogen werden? Stellt in Gruppenarbeit einen Katalog zusammen und diskutiert ihn dann in der Klasse.

_____

_____

_____

_____

_____

DIENSTPFLICHTEN IM HAUSHALT – KINDERARBEIT?

Im *Bürgerlichen Gesetzbuch*, dem Werk, das den größten Teil der rechtlichen Fragen unseres täglichen Zusammenlebens regelt, findet sich folgende Bestimmung:

> **BGB § 1619 Dienstleistungen in Haus und Geschäft**
> Das Kind ist, solange es dem elterlichen Hausstand angehört und von den Eltern erzogen oder unterhalten wird, verpflichtet, in einer seinen Kräften und seiner Lebensstellung entsprechenden Weise den Eltern in ihrem Hauswesen und Geschäft Dienste zu leisten.

Im Folgenden sind Diskussionsbeiträge aus dem Internet aufgeführt, die sich auf die Mitarbeit von Kindern im Haushalt beziehen:

von MotherNatalie – 07.07.2004 – 10:47 Uhr

> Hallo,
> wie viel müssen denn eure Kinder so im Haushalt helfen? Meine maulen bei jeder winzigen Kleinigkeit. Außerdem habe ich mich bereits dabei ertappt, dass ich meiner Tochter (8) irgendwie da mehr zumute als meinem nur um ein Jahr jüngeren Sohn. Bei mir müssen die Kids unsere Meerschweinchen versorgen, ihre Zimmer staubsaugen, helfen beim Tisch abräumen und manchmal den Spüler mit ausräumen. Das finde ich nicht viel, trotzdem gibt es ständig Zank darum.
> Nathalie

von erzvampir – 07.07.2004 – 13:24 Uhr

> Hallo
> meine Tochter ist 9 Jahre und hilft auch im Haushalt mit. Auch wenn sie mal meckert. Sie hat Containerdienst (Pappe und Zeitungen wegbringen), ihr Zimmer aufräumen, mal den Tisch decken oder abräumen oder mal was einkaufen (tut sie sehr gerne, wenn sie was für ihren kleinen Bruder holen soll). Es ist echt nicht zu viel verlangt, wenn Kinder ein wenig helfen sollen. Wir machen auch genug für unsere Kiddies.
> Gruß Erzi mit 9 jähriger Tochter und 16 Monat alten Sohnemann

von annettebay – 07.07.2004 – 16:52 Uhr

> Hallo Nathalie,
> ich finde es sehr wichtig, dass die Kids im Haushalt mithelfen. Natürlich immer altersentsprechend. Bei mir haben schon die Kleinsten geholfen, in dem sie mal die Wäsche in die Waschmaschine stopften und sowas; eben spielerisch. Meine Kinder (8 + 10) haben ganz feste Aufgaben. Dazu gehören Zimmer aufräumen, Spülmaschine ausräumen, Wäsche in den Keller bringen, (…). Mein Großer putzt die Treppen und bekommt dafür Extra-Fernseh-PC-Zeit, das macht er freiwillig. Kommt auch immer drauf an, wann welche Arbeit anfällt, wer zu Hause ist und es machen kann. (…) Natürlich haben wir immer wieder darüber Diskussionen – ich denke, das ist auch normal bei Kindern. Keiner will helfen. Leider gehts halt nicht anders. Ich finde, man sollte sich die Arbeit teilen, auch der Papa muss ran. Denn dadurch haben wir mehr gemeinsame Zeit und das finden die Kids dann wieder super toll. (…)

➡ Fasse die Argumente, die in diesen Beiträgen gebracht werden, zusammen. Kannst du dir auch Gegenargumente vorstellen?

_____

_____

_____

_____

➡ Verfasse selbst einen Beitrag, in dem du deine Gedanken und Erfahrungen zu diesem Thema mitteilst.

TASCHENGELD – WARUM?
Aus einem Ratgeber für Eltern

Taschengeld. Für Kinder und Jugendliche meistens die einzige Geldquelle für persönliche Wünsche. Manche verprassen ihr Geld gleich nach der Auszahlung, andere sparen es monatelang.

Die einen sind immer in Geldnot, andere teilen sich das Geld optimal ein. Man will es nicht glauben, aber Taschengeld ist in Bezug auf das spätere *finanzielle* Leben eine wichtige (Lern-)Lektion.

So lernt das Kind:
– den Wert des Geldes kennen. (…)
– Eigene Entscheidungen zu treffen. (…)
– Organisation. (…)
– Vergleichen. (…)

Das sollten Sie vermeiden:
– Taschengelderhöhung als Belohnung.
– Taschengeldentzug, -kürzung als Strafe.
– Wertende Urteile über selbst gekaufte Dinge, wie *sinnvoll* oder *überflüssig*.
– Extrazahlungen bzw. Aufbesserungen, wenn das Kind frühzeitig *pleite* ist.
– Zu geringe Beträge (keine Sparmöglichkeit).
– Zu hohe Beträge oder Erfüllen jedes Wunsches durch die Eltern (Realitätsverlust).
– Zweckentfremdung des Taschengeldes (Kaufen von Schulsachen …).
– Verpflichtung zum Sparen.

(Gekürzt nach Alexander Nawrath, Quelle: www.ElternforFamily.de)

➡ Erkläre mit Beispielen aus eigener Erfahrung den *erzieherischen Wert* des Taschengeldes, wie er oben beschrieben ist.

_____

_____

_____

➡ Warum sollten Eltern bestimmte Dinge im Zusammenhang mit dem Taschengeld vermeiden? Bist du mit der Auflistung einverstanden? Hältst du sie für vollständig?

_____

_____

_____

_____

➡ Einige Eltern verlangen von ihren Kindern, dass sie für ihr Taschengeld bestimmte Tätigkeiten im Haushalt verrichten. Wie stehst du dazu? Ziehe für die Bearbeitung dieser Aufgabe das Arbeitsblatt S. 10 hinzu.

_____

_____

_____

_____

_____

TASCHENGELD – WIE VIEL UND WOFÜR?

→ Erarbeitet in Arbeitsgruppen eine Umfrage, mit der auf folgende Fragen Antworten gefunden werden können:

Wie hoch sollte das Taschengeld für Kinder und Jugendliche in einem Alter zwischen 6 und 17 Jahren sein? Vergleiche deine Umfrageergebnisse mit den Angaben in folgender Tabelle, die als Empfehlung für Eltern z. B. auf der Internetseite der Stadt Köln angegeben werden:

Orientierungswerte:

6 bis 7 Jahre:	1 bis 2 Euro	12 bis 13 Jahre:	4 bis 5 Euro
8 bis 9 Jahre:	2 bis 3 Euro	14 bis 15 Jahre:	22 bis 25 Euro
10 bis 11 Jahre:	3 bis 4 Euro	16 bis 17 Jahre:	30 bis 40 Euro

Quelle: http://www.stadt-koeln.de/kind_jugend_familie/ratundtat/

→ Wofür sollte das Taschengeld ausgegeben werden? Wie wird es sinnvoll ausgegeben? Vervollständige die Tabelle.

Mädchen: _____ Junge: _____ Alter: _____

Gegenstand	Betrag
Kinokarten	
Computerspiele	
Sparbuch	

→ Bei der Auswertung könnt ihr dann auch untersuchen, ob der Umgang mit Taschengeld vom Alter und vom Geschlecht des Kindes/Jugendlichen abhängt.

_____

_____

_____

_____

FAMILIE UND RECHT

Grundgesetz

Artikel 6

(1) Ehe und Familie stehen unter dem besonderen Schutze der staatlichen Ordnung.

(2) Pflege und Erziehung der Kinder sind das natürliche Recht der Eltern und die zuvörderst ihnen obliegende Pflicht. Über ihre Betätigung wacht die staatliche Gemeinschaft.

(3) Gegen den Willen der Erziehungsberechtigten dürfen Kinder nur auf Grund eines Gesetzes von der Familie getrennt werden, wenn die Erziehungsberechtigten versagen oder wenn die Kinder aus anderen Gründen zu verwahrlosen drohen. (…)

Bürgerliches Gesetzbuch

BGB § 1626 Elterliche Sorge, Grundsätze

(1) Die Eltern haben die Pflicht und das Recht, für das minderjährige Kind zu sorgen (elterliche Sorge). Die elterliche Sorge umfasst die Sorge für die Person des Kindes (Personensorge) und das Vermögen des Kindes (Vermögenssorge).

(2) Bei der Pflege und Erziehung berücksichtigen die Eltern die wachsende Fähigkeit und das wachsende Bedürfnis des Kindes zu selbstständigem verantwortungsbewusstem Handeln. Sie besprechen mit dem Kind, soweit es nach dessen Entwicklungsstand angezeigt ist, Fragen der elterlichen Sorge und streben Einvernehmen an. (…)

BGB § 1627 Ausübung der elterlichen Sorge

Die Eltern haben die elterliche Sorge in eigener Verantwortung und in gegenseitigem Einvernehmen zum Wohl des Kindes auszuüben. Bei Meinungsverschiedenheiten müssen sie versuchen, sich zu einigen.

BGB § 1631 a Ausbildung und Beruf

In Angelegenheiten der Ausbildung und des Berufs nehmen die Eltern insbesondere auf Eignung und Neigung des Kindes Rücksicht. Bestehen Zweifel, so soll der Rat eines Lehrers oder einer anderen geeigneten Person eingeholt werden.

▶ Überlege und trage zusammen, was alles zur *elterlichen Sorge* gehört. Wofür sind Eltern verantwortlich und wozu sind sie verpflichtet?

_____

_____

_____

_____

▶ Welches Interesse könnte der Staat haben, die Familie besonders zu schützen?

_____

_____

▶ Formuliere die Rechte und Ansprüche der Kinder. Haben sie auch Pflichten?

_____

_____

_____

ERZIEHUNG IM WANDEL

Knopp begibt sich weiter fort
Bis an einen andern Ort.
Da wohnt einer, den er kannte,
Der sich Meister Druff benannte.
Druff hat aber diese Regel:
Prügel machen frisch und kregel*
Und erweisen sich probat
Ganz besonders vor der Tat.
Auch zum heut'gen Schützenfeste
Scheint ihm dies für Franz das beste.
Drum hört Knopp von weitem schon
Den bekannten Klageton.

Wilhelm Busch: Abenteuer eines Junggesellen. Ländliches Fest.
Diese und andere Bildergeschichten findest du unter:
http://gutenberg.spiegel.de/wbusch/knopp/knopp151.htm

*kregel = munter, lebhaft, gut gelaunt

Die abgebildete Szene aus einer Bildergeschichte von Wilhelm Busch zeigt etwas, was in der heutigen Erziehung nicht mehr üblich ist, bei früheren Generationen aber durchaus noch häufig vorkam.

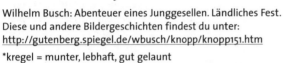 Was beabsichtigt wohl der Vater in der Busch-Karikatur, wenn er seinen Sohn verprügelt?

_____

_____

_____

_____

➡ Sammle Argumente, die gegen die Prügelstrafe sprechen.

_____

_____

_____

_____

_____

➡ Welche Gründe sprechen dafür, dass die Prügelstrafe heute verboten ist?

_____

_____

_____

_____

ERZIEHUNGSGRUNDSÄTZE

1

> Personale Eigenständigkeit und
> Gemeinschaftsfähigkeit sind nicht nur Ziele
> der Erziehung, sondern auch wichtig für jeden
> Erwachsenen. Diese Eigenschaften
> werden in der Familie erworben und bestätigt.

(Irmgard Karwatzki: Politik zugunsten der Familie.
In: Das Parlament, Beilage 20/19XX, S. 4)

2

> Des Menschen Pflicht heißt hier auf Erden:
> Im tiefsten Herzen glücklich werden!
> Sei's durch Verzicht – sei's durch Empfangen,
> ein jeder kann das Glück erlangen.

(Aus: *Monika*, Zeitschrift für katholische Mütter
und Hausfrauen, 19XX)

3

> Nur wer sich zweckmäßig anpasst,
> bleibt vor endlosen Konflikten bewahrt. (…)
> Der wichtigste Ausschnitt der Wirklichkeit
> sind die menschlichen Gemeinschaften.
> Das Kind muss lernen, sich in sie einzuordnen,
> auf andere Rücksicht zu nehmen und
> eigensüchtige Interessen zu zügeln.
> Es soll den Sinn für Gerechtigkeit gewinnen,
> den Mut zur Liebe und die Freude
> am Dienst für das Ganze.

(W. Brezinka: Erziehung als Lebenshilfe. Wien, Österrei-
chischer Bundesverlag für Unterricht, Wissenschaft und
Kunst, 19XX)

➡ In diesen Zitaten sind verschiedene Erziehungsgrundsätze und Erziehungsziele formuliert. Leider sind bei der Angabe der Quellen die Jahreszahlen durcheinander geraten. Sie lauten (ungeordnet): 1911, 1971, 1984. Welches Zitat gehört in welche Zeit? Begründe deine Zuordnungen.

1 _____

2 _____

3 _____

➡ Nimm zu den drei Aussagen Stellung. Was ist deiner Ansicht nach heute noch gültig, was hat an Gültigkeit verloren?

_____

_____

_____

_____

➡ Nenne selbst wichtige Erziehungsziele und -grundsätze und ordne sie z. B. durch Nummerierung nach ihrer Wichtigkeit (1 für das Wichtigste usw.).

_____

_____

_____

_____

_____

SOZIALKUNDE · Erziehungsstile und -grundsätze

SOZIALISATION

Jeder Mensch wird durch seine Eltern oder Erziehungsberechtigten und durch verschiedene Einrichtungen der Gesellschaft (z. B. Kindergarten oder Schule) erzogen und so auf das Leben vorbereitet. Diesen Prozess, der hier nur sehr verkürzt und vereinfacht dargestellt wird, nennt man Sozialisation.

➜ Recherchiere im Internet, im Lexikon oder anderen vergleichbaren Quellen Begriffserklärungen zu folgenden Begriffen:

Sozialisation

_____

_____

_____

Primäre Sozialisation (oder Primärsozialisation)

_____

_____

_____

Sekundäre Sozialisation (oder Sekundärsozialisation)

_____

_____

_____

Soziale Rolle

_____

_____

_____

Rollenerwartung

_____

_____

_____

Rollenkonflikt

_____

_____

_____

➜ Verdeutliche deine Erklärungen durch Beispiele (z. B. in Form einer Geschichte) auf einem extra Blatt.

DIE „KOSTEN" EINES KINDES

→ Was kostet es eigentlich monatlich, ein Kind zu haben? Die *Düsseldorfer Tabellen* geben ebenso einfache wie eindeutige Auskunft (alle Beträge in Euro):

	Nettoeinkommen des Bar-unterhaltsverpflichteten	Altersstufen in Jahren (§ 1612a, Abs. 3 BGB)				Vom-hundertsatz	Bedarfskon-trollbetrag
		0 – 5	6 – 11	12 – 17	ab 18		
1.	bis 1300	199	241	284	321	100	730/840
2.	1300 – 1500	213	258	304	350	107	900
3.	1500 – 1700	227	275	324	373	114	950
4.	1700 – 1900	241	292	344	396	121	1000
5.	1900 – 2100	255	309	364	419	128	1050
6.	2100 – 2300	269	326	364	442	135	1100
7.	2300 – 2500	283	343	404	465	142	1150
8.	2500 – 2800	299	362	426	491	150	1200
9.	2800 – 3200	319	386	455	524	160	1300
10	3200 – 3600	339	410	483	556	170	1400
11.	3600 – 4000	359	434	512	589	180	1500
12.	4000 – 4400	379	458	540	622	190	1600
13.	4400 – 4800	398	482	568	654	200	1700
14.	über 4800	nach Umständen des Falles					

Stand: 1. Juli 2003. Herausgeber: Familiensenat des Oberlandesgerichts Düsseldorf (Angaben bezogen auf einen für einen Ehegatten und zwei Kinder Unterhaltspflichtigen)

Die *Düsseldorfer Tabellen* sind zwar Richtlinien ohne Gesetzeskraft, werden aber dennoch regelmäßig herangezogen – z. B. wenn ein Gericht nach einer Ehescheidung die Höhe des Unterhalts, auf den die Kinder Anspruch haben, ermitteln will.

→ Die *Düsseldorfer Tabellen* beziehen sich auf den § 1612 a, Absatz 3 BGB. Ermittle in einer Gesetzessammlung oder dem Internet den Inhalt dieses Paragraphen und beschreibe ihn in eigenen Worten.

_____

_____

_____

→ Interpretiere das Zahlenwerk genau und erläutere, von welchen Faktoren es abhängt, wie viel Unterhalt ein Kind tatsächlich erhält.

_____

_____

_____

→ Formuliert in Arbeitsgruppen Streitgespräche zwischen frisch geschiedenen Eheleuten über den Kindesunterhalt. Inszeniert sie anschließend als Rollenspiele und findet mögliche Lösungen für die Streitpunkte.

SOZIALKUNDE

Wirtschaftsfaktor Nachwuchs

ZEIT, GELD UND NERVEN – ALLES FÜR KINDER?

Im Online-Familienhandbuch des Statistischen Bundesamtes aus dem Mai 2003 (www.familienhandbuch.de) kann man nachlesen, welcher Aufwand im Jahr 1998 für jedes Kind betrieben wurde und in welchem Verhältnis dieser zur Erwerbstätigkeit eines Erwachsenen stand.

1.957 Stunden im Jahr	für Betreuung, Versorgung und Ausbildung	pro Kind in Deutschland
1.489 Jahresarbeitsstunden	am Arbeitsplatz	pro erwerbstätigem Erwachsenen

Das bedeutet, dass einem Kind im Jahr 1998 täglich 5,4 Stunden zugewendet wurden. Insgesamt wurden 30,4 Milliarden Stunden für Kinder aufgebracht, was mehr als 20 Millionen Erwerbsarbeitsplätzen entsprach.

Nur knapp $\frac{1}{3}$ dieser Zeit für Kinder wurde tatsächlich als Erwerbsarbeit entlohnt (z. B. zur Herstellung von Konsumgütern für Kinder oder zur Bereitstellung von Bildungs- und Gesundheitsleistungen).

Mehr als $\frac{2}{3}$ der Zeit entsprach Leistungen im privaten Haushalt, die nicht entlohnt wurden. Pro Kind wurden im Jahr 1998 durchschnittlich 7.680 Euro für den privaten Konsum ausgegeben, monatlich waren es durchschnittlich 640 Euro (auf das Jahr 2002 übertragen wären dies 670 Euro).

Diese Zahl mag sehr hoch erscheinen, sie umfasst aber noch nicht einmal die zusätzlichen Kosten, die von Kindern verursacht werden, sondern ergibt sich allein aus der Aufteilung sämtlicher Ausgabepositionen (z. B. auch für Auto, Wohnung, PC) der privaten Haushalte auf die einzelnen Haushaltsmitglieder. Würde man zu den bezahlten Leistungen für Kinder noch die unbezahlten Zeiten hinzufügen, so wäre der Wert noch höher. Kinder kosten aber nicht nur etwas, durch sie erzielen Familien auch so genannte familienbezogene Transfers und erleben neben den finanziellen Belastungen natürlich auch viele schöne Stunden, sieht man einmal von Streitigkeiten und der vielleicht schwierigen Pubertät ab. Außerdem stellen sie eine Investition in die Zukunft dar.

➡️ Erkläre auf einem extra Blatt die folgenden Begriffe (mit Hilfe eines Lexikons, deines Lehrbuches oder des Internet):
– Waren und Dienstleistungen, Konsumgüter
– Erwerbstätigkeit, Erwerbsarbeitsplatz, Erwerbsarbeitsstunden
– direkte und indirekte Kinderkosten
– familienbezogene Transfers

➡️ Recherchiere bei dir zu Hause, welche Kosten deine Eltern/Mutter/Vater für dich (und deine Geschwister) zu tragen haben, indem du alle direkten und indirekten Kosten einzubeziehen versuchst und diese in einer Tabelle festhältst. Vergleicht eure Ergebnisse in der Klasse und ermittelt Durchschnittswerte.

Kinder – Luxus oder finanzielles Risiko?

Kinder – Investition in die Zukunft oder Weg in die Armut?

➡️ Entwickelt zu der ganzen Problematik ein auf überzeugenden Argumenten beruhendes Streitgespräch zwischen zwei jungen Paaren, die sich über ihre Zukunft unterhalten. Das eine Paar möchte unbedingt Kinder, das andere steht einer Zukunft mit Kindern äußerst kritisch gegenüber.

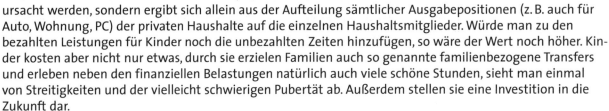

SOLLEN KINDERLOSE MEHR ZAHLEN?

In Deutschland muss jeder Arbeiter und Angestellte einen Pflichtbetrag in das so genannte Sozial-versicherungssystem zahlen. Dieses System unterteilt sich in Arbeitslosen-, Kranken-, Renten- und Pflege-versicherung und funktioniert nach dem *Solidarprinzip*: Jeder, der eine gewisse Zeit in die Versicherung eingezahlt und dadurch *Vorleistungen* erbracht hat, bekommt im Bedarfsfall Leistungen (Geld) aus der Versicherungskasse.

Im Falle der Pflegeversicherung bedeutet das konkret: Jeder Versicherte, der – z. B. altersbedingt – zum Pflegefall geworden ist, hat Anspruch auf Pflegeleistungen eines privaten oder auch öffentlichen Pflegedienstes und bekommt diese Leistungen teilweise oder auch völlig (je nach Einzelfall) bezahlt. Die Bundesregierung hat seit dem 1.1.2005 alle kinderlosen Versicherten ab dem 23. Lebensjahr zu höheren Beiträgen verpflichtet, während alle Versicherten, die mindestens ein Kind bekommen haben, lebenslang einen niedrigeren Beitragssatz zahlen.

➡ Stelle dir vor, du bist Bundestagsabgeord-neter und sollst vor dem Bundestag eine Rede halten, in der du die Gründe und die Motive für diese Neuregelung darstellst.

➡ Die Abgeordneten der Opposition sind selbstverständlich gegen diese Neuerung. Formuliere auch die Rede eines oppositio-nellen Angeordneten.

Argumente	Gegenargumente

➡ Wie ist deine eigene Meinung? Begründe schriftlich auf einem extra Blatt.

➡ Interviewe deine Eltern und möglichst auch einen oder mehrere kinderlose Bekannte und ergänze gegebenenfalls die Pro- und Kontraargumente zur ersten und zweiten Aufgabe.

SCHULDENFALLE HANDY

Von den Elf- und Zwölfjährigen besitzt mittlerweile jeder Zweite eines. Von den 13- bis 22-Jährigen haben nach Angaben des Instituts für Jugendforschung in München sogar 84 Prozent ein eigenes Handy. Das kann teure Folgen haben: Der sorglose Umgang mit Mobiltelefonen führt dazu, dass Kinder und Jugendliche Schulden machen. Fotos verschicken und im Internet surfen – kein Problem für ein modernes Mobiltelefon. Diese oft teuren Zusatzangebote haben nach Ansicht der Experten vor allem eine Zielgruppe: „Da werden Produkte auf den Markt geworfen, die speziell auf Kinder und Jugendliche abzielen", erklärt Werner Sank vom Schuldnerfachberatungszentrum Mainz.

Immer häufiger seien Handys die Ursache von Überschuldung. (…)

Nach Angaben des Bundesverbandes der Deutschen Inkasso-Unternehmen haben zwölf Prozent der 13- bis 24-Jährigen Schulden.

Mobiltelefon-Rechnungen sind eine der Ursachen: „Handys haben immer anspruchsvollere Funktionen, häufig verbunden mit für Kinder kaum durchschaubaren Gebühren", teilt der Verband mit. Neben Gesprächen und Textmitteilungen sind es vor allem die Extras, die Geld kosten.

(*Weser-Kurier*, 22.8.2004)

Renate Künast, die Bundesministerin für Verbraucherschutz, fordert so genannte Kids-Tarife, die verhindern, dass teure Nummern wie 0190 oder 0900 zum Herunterladen von Klingeltönen oder Logos überhaupt angewählt werden können. Sprecher von Mobilfunkunternehmen sind dagegen der Meinung, dass der verantwortliche Umgang mit Handys in Elternhaus und Schule erlernt werden muss.

➜ Schreibe einen Kommentar, in dem du einen der beiden Vorschläge verteidigst.

_____

_____

_____

_____

_____

_____

➜ Nach Meinung einiger Forscher werden Medien von vielen jungen Leuten bereits nicht mehr zu einem Zweck, sondern um ihrer selbst willen genutzt. Das kann Lisa (17) aus Mainz bestätigen: „Viele schreiben eine SMS, obwohl der andere im Klassenzimmer nebendran sitzt."
Berichte schriftlich von deinen eigenen Erfahrungen zu diesem Thema und fälle ein kritisches Urteil.

_____

_____

_____

_____

VIRTUELLE VEREINSAMUNG?

Die Medienkritiker … sollten sich der wirklich neuen Qualität der Online-Spiele und der virtuellen Gemeinschaften zuwenden: der Möglichkeit, sein soziales Leben fast ausschließlich im Netz zu verbringen. Vor einigen Jahren starb in Norwegen ein Junge bei einem Verkehrsunfall. Erst im Nachhinein stellten seine Eltern fest, dass der gesamte Freundeskreis ihres Kindes aus Mitspielern eines Online-Spiels bestand. Bei der – ergreifenden – Trauerfeier im Netz standen grobpixelige Spielfiguren am virtuellen

Grab des Jungen. Hunderttausende Menschen haben schon heute ihre sozialen Kontakte hauptsächlich im Cyberspace – nicht weil sie den Unterschied zwischen Realität und Virtualität nicht sähen, sondern weil sie es so gewählt haben. Viele finden dadurch überhaupt erst Anschluss. Aber es ist oft ein Anschluss im Wortsinn: ein Leben, das seinen Sinn verliert, wenn man den Stecker zieht. Über dieses Phänomen werden die Soziologen in den nächsten Jahren zu brüten haben.

(Christoph Drösser, Die Gedanken sind frei. In: *DIE ZEIT*, 23.5.2002)

➔ Auch die Generation deiner Eltern ist schon mit dem Fernsehen und anderen Massenmedien aufgewachsen – was unterscheidet sie deiner Meinung nach dennoch von der Generation heutiger Jugendlicher?

_____

_____

_____

➔ Hast du selbst oder hat der eine oder andere deiner Freunde Erfahrungen, die vergleichbar mit denen des norwegischen Jungen sind? Berichte darüber schriftlich.

_____

_____

_____

_____

➔ Welche Vorteile hat in deinen Augen die „Cyberspace"-Welt?

_____

_____

_____

➔ Wie hoch schätzt du selbst die Gefahr ein, vor der Drösser warnt? Schreibe auf einem extra Blatt einen Kommentar.

MEDIAL VERWAHRLOST?

Christian Pfeiffer, Leiter des Kriminologischen Forschungsinstitutes Niedersachsen, warnt immer wieder vor den fatalen Folgen erhöhten Medienkonsums. Er spricht sogar von *medialer Verwahrlosung*, wobei er bei den Medien nicht nur an das Fernsehen denkt, sondern auch an den PC-Bildschirm. Vor beiden Medien verbringen 20 % der 15- bis 17-Jährigen mehr Zeit als in der Schule.

Und noch ein paar Zahlen:

– Etwa 50 % der 13- bis 15-Jährigen haben einen Fernseher im eigenen Zimmer.
– Bei den 16- bis 17-Jährigen sind es knapp 70 %.
– Vergleicht man Ost- und Westdeutschland, so kommt man zu folgendem Ergebnis: Im Osten besitzen 55 % der 6- bis 13-Jährigen einen eigenen Fernseher, im Westen sind es 28 %.
– 56 % der 12- bis 17-jährigen Jungen und 25 % der Mädchen dieses Alters schauen häufig Filme an, die als jugendgefährdend eingestuft und von daher erst ab 23 Uhr gesendet werden dürfen.
– Durchschnittlich mehr Jungen als Mädchen einer 9. Klasse schauen mehr als vier Stunden täglich fern.
– Deutlich mehr Jungen als Mädchen nutzen Computerspiele, die als jugendgefährdend eingestuft worden sind.

Daraus folgt Professor Pfeiffer, dass „mindestens ein Fünftel der männlichen 12- bis 17-Jährigen in einen Zustand der Medienverwahrlosung geraten" sei. „Wer in seiner Freizeit täglich mehr als vier Stunden vor dem Fernseher oder dem PC verbringt, der versäumt das Leben."

FOLGEN:

 zu wenig Zeit für Freunde, Familie (reden, plaudern, diskutieren, streiten, versöhnen, …)

 zu wenig Zeit für Hausaufgaben

 zu wenig Zeit für Sport

 zu wenig Bewegung Schaden für Körper und Geist

 …

Es ist erwiesen, dass die Entwicklung des Gehirns leidet, wenn ihr euch zu wenig bewegt. Neurobiologen haben erforscht, dass das in der Schule oder zu Hause Erlernte zunächst im Kurzzeitgedächtnis zwischengespeichert wird und dass es mindestens zwölf Stunden dauert, bis dieses Wissen ins Langzeitgedächtnis gelangt. Lasst ihr euch nach der Schule durch Gewaltfilme oder andere euch aufwühlende Eindrücke beeinflussen, so kann es sogar dazu kommen, dass das zuvor Erlernte völlig in den Hintergrund gerät. Auch kurz vor dem Schlafengehen sollte man auf Gewaltdarstellungen verzichten, da auch der Schlaf wichtig ist für den Aufbau von Gedächtnisleistungen.

Professor Pfeiffer weist im Zusammenhang mit seinen Untersuchungen auch darauf hin, dass es einen deutlichen Leistungsunterschied zwischen Mädchen und Jungen gibt. Die Leistungen von Jungen hätten seit 1992 deutlich abgenommen.

(Nach: *DIE ZEIT* , 18.9.2003)

➔ Was bedeutet der Begriff *mediale Verwahrlosung*?

_____

_____

_____

_____

_____

➔ Führt in eurer Klasse und eventuell in einem noch größeren Rahmen eine Umfrage zum Medienkonsum und seinen Folgen durch, indem ihr euch zunächst ganz genaue Fragen überlegt und auch weibliche und männliche Befragte unterscheidet. Haltet eure Ergebnisse in einer Statistik fest und diskutiert sie in der Klasse.

➔ Welche Folgerungen sind aus euren Ergebnissen zu ziehen? An welche Folgerungen denkt Christian Pfeiffer? Formuliert Hypothesen und versucht dann herauszufinden, ob eure Vorschläge den Maßnahmen entsprechen, an die der Kriminologe denkt.

SÜCHTIG NACH ANERKENNUNG:
Gedanken zur Gewalt

So war ein Aufsatz von Wilhelm Heitmeyer überschrieben, der am 2. Mai 2002 in der Hamburger Wochenzeitung *DIE ZEIT* erschien – nach dem Massaker im Erfurter Gutenberg-Gymnasium, in dem ein der Schule verwiesener ehemaliger Schüler Mitschüler und Lehrer umgebracht und am Ende sich selbst getötet hatte. – Bis zu diesem Zeitpunkt hatten wir nur aus den USA von ähnlichen Amokläufen in Schulen gehört.
Der Bielefelder Sozialwissenschaftler und Autor von Jugendstudien stellt in seinem Artikel, aus dem ihr im Folgenden Auszüge lesen könnt, den üblichen Erklärungsmustern für derartige Greueltaten einen anderen Erklärungsansatz gegenüber. Er spricht weder von *Heimsuchung* des Täters noch von einem *psychisch schwer gestörten Täter*, sondern versucht – wie der Titel schon vermuten lässt – die Gewalttat anders zu deuten.

[...] Gewalt ist eine für jedermann verfügbare und hoch effektive Ressource. Sie hat immer eine Vorgeschichte und ist stets, gegen wen sie sich auch richtet, eine Machtaktion. [...]

Man muss sich natürlich die Frage stellen, was Gewalt hervorbringt, warum ein Mensch das Leben – auch das eigene – so radikal abwertet und so extrem auf die Demonstration von Macht setzt. Die Spur führt zum Problem der Anerkennung: Wer braucht mich? Fühle ich mich gerecht behandelt? Bin ich gleichwertig? Werden meine Gefühle akzeptiert? Diese Fragen sind existenzieller Natur und ihrer Bedeutung nachzugehen ist ergiebiger als nur nach Anstößen von außen zu suchen: etwa nach dem Videokonsum des Täters oder nach der Wirkung von Fernsehbildern. Solche Einflüsse können allenfalls die Strategien beeinflussen, die der Gewalttäter wählt. Sie sind aber meist nicht ausschlaggebend für die Entscheidung das eigene Leben und das Leben anderer auszulöschen. Von größerem Gewicht dafür ist etwas anderes: Dass der Täter auf die oben genannten Fragen keine Antworten gefunden hat. Spätestens dann setzt ein äußerlich unauffälliger, zunächst verdeckter Eskalationsprozess ein [...].

Der Anerkennungszerfall ist also ein Prozess und fällt nicht vom Himmel. [...]

Wo sind die Quellen dieser Prozesse zu suchen? [...] Um in die Tiefe zu gehen, muss man bei den Bedingungen ansetzen, unter denen Jugendliche heute aufwachsen. Diese zeigen bekanntlich ein Doppelgesicht: Die Gestaltbarkeit von Lebenswegen wird größer, aber der Gestaltungszwang nimmt zu. Allerdings, ohne dass junge Menschen genau wissen, ob sie Chancen und Optionen haben – und ohne dass sie wissen, für welche davon sie sich entscheiden sollen, um in der Gesellschaft eine Stellung und Anerkennung zu erreichen.

Dabei gibt es für sie drei Möglichkeiten: über Leistungen zum Beispiel in der Schule, über äußerliche Attraktivität oder über die Demonstration von Stärke. Das gesellschaftlich gültige Leitbild besagt, dass eine anerkannte Stellung zu erreichen ist, wenn man andere unter Kontrolle hat und man sich von anderen unterscheidet. Wer nicht auffällt, wird nicht wahrgenommen, und wer nicht wahrgenommen wird, ist ein Nichts. [...]

Normalität – das heißt in dieser Gesellschaft: Ein Mensch identifiziert sich in hohem Maße mit den zentralen prämierten Werten wie Leistung, Selbstdurchsetzung und Aufstieg. Diese Botschaft ist auch bei den Jugendlichen angekommen und erzeugt einen hohen Druck.

[...] Erfurt hat deutlich gemacht, wie porös die gesellschaftliche Normalität ist, wie schnell sie erschüttert werden kann, wie sehr gerade demonstrativ zelebrierte Normalität, wie etwa die Mitgliedschaft in einem Handball- und Schützenverein, von dem persönlichen Anerkennungszerfall ablenken kann. [...]

Die Frage der Zukunft muss deshalb lauten: Woher bekommen junge Menschen, die nicht mithalten können, ihre Anerkennung?

(Wilhelm Heitmeyer, in *DIE ZEIT*, 02.05.2002)

▶ Markiere im Text Schlüsselwörter sowie -fragen bzw. -sätze und versuche den Gedankengang des Autors anschließend thesenartig zusammenzufassen.

▶ „Wer nicht auffällt, wird nicht wahrgenommen, und wer nicht wahrgenommen wird, ist ein Nichts."
Was hältst du von dieser Aussage? Begründe deine Antwort.

▶ Bei der Arbeit mit diesem theoretischen Text hat dir sicherlich nicht nur der Kopf geraucht, sondern dir sind ganz viele Ideen, Erinnerungen durch den Kopf gegangen. – Besprecht diese in Gruppen und haltet eure Ergebnisse auf einem Thesenpapier fest.

MEDIENKOMPETENZ – ABER WIE?

Die Idee, Jugendliche vor dem schädlichen Einfluss von Medien zu schützen, muss und darf man nicht aufgeben. Aufgeben muss man aber wohl die Idee, dass Verbote und Zensur die Mittel dazu sind. Das ging nur in einer Zeit, in der die Herausgabe von Massenmedien auf wenige beschränkt und damit ein Verbot der Quellen einfach war. Wie schützt man also Heranwachsende vor dem negativen Einfluss von Bildern und Schriften? Es gibt darauf keine befriedigende Antwort. Die

beste ist immer noch ein Stichwort, das zwar sehr nach den gern geprügelten 68ern klingt, aber aktueller ist denn je: **Medienkompetenz.** Wenn ich meinem Kind die Medien nicht vollständig vorenthalten kann oder will, muss ich es in die Lage versetzen, mit ihnen umzugehen, ohne Schaden zu nehmen. Das bedeutet: die Kinder begleiten, mit ihnen über ihre Medienerfahrungen reden, mit ihnen die Fähigkeit üben, Wahrheit von Lüge und Schund von Kunst zu trennen. Und sie irgendwann loslassen …

(Christoph Drösser: Die Gedanken sind frei. In: *DIE ZEIT*, 23.5.2002)

➔ Erkundige dich bei deinen Eltern oder anderen Erwachsenen, die 45 – 50 Jahre oder älter sind, welche Möglichkeiten sie hatten, an *verbotene Bilder* oder Ähnliches heranzukommen, und vergleiche mit deiner Situation heute.

_____

_____

_____

➔ Kommentiere hierauf aufbauend schriftlich den Satz Drössers, dass „Verbote und Zensur die Mittel dazu" (also zum Schutz vor schädlichem Medieneinfluss) nicht sind.

_____

_____

_____

_____

➔ Was schlägt Drösser vor? Beschreibe seinen Grundidee mit eigenen Worten, vielleicht auch mit Hilfe von konkreten Beispielen.

_____

_____

_____

_____

➔ Welche Vor- und Nachteile hat Drössers Vorschlag? Ist auf diese Weise wirklich ein bewusster und kompetenter Umgang mit Medien (= *Medienkompetenz*) zu erreichen? Begründe auf einem extra Blatt.

SCHUL-ORDNUNG VOR 100 JAHREN UND HEUTE

1 Die Schüler haben pünktlich zur bestimmten Zeit in geordnetem Zustande und mit den erforderlichen Schulsachen zu erscheinen, sich sofort auf ihre Plätze zu setzen und alles zum Unterricht Nötige in Bereitschaft zu legen.

2 Der Eintritt ins Schulhaus geschieht lautlos und ohne Geräusch. Vor dem Eintritt haben die Schüler ihre Schuhe zu reinigen. Es ist streng untersagt, daß die Schüler lärmen, im Klassenzimmer umherlaufen oder sich um den Ofen stellen.

3 Wenn die Schüler in unreinem Zustand (mit Läusen, Krätze usw. behaftet) in die Schule kommen, so hat der Lehrer sie sofort auf der Schule zu entfernen und den Schulleiter hiervon zu verständigen.

4 Beim Antworten, Aufsagen, Lesen und Singen müssen sie stehen; die Antworten müssen in gerader Haltung des Kopfes laut, wohlbetont und möglichst in ganzen Sätzen erfolgen.

5 Beim Eintritt des Lehrers in die Schulstube haben die Schüler denselben durch Aufstehen zu begrüßen.

6 Kein Schüler soll den geordneten Gottesdienst versäumen.

7 Während des Unterrichts sollen die Schüler still, ruhig, in gerader und anständiger Haltung auf ihren Plätzen sitzen. Alles, was den Unterricht hemmt oder stört, wie: Essen, Spielen, Scharren oder Stampfen mit den Füßen, Schmatzen, Lachen ist untersagt. Hat ein Schüler während des Unterrichts dem Lehrer etwas zu sagen oder ihn um etwas zu bitten, so gibt er, bevor er spricht, ein Zeichen mit dem Finger.

8 In und außerhalb der Schule müssen die Schüler sich eines anständigen und geordneten Betragens befleißigen und die Anordnungen der Lehrer gewissenhaft befolgen.

9 Gegen die Lehrer haben die Schüler sich stets folgsam, wahrheitsliebend, bescheiden und höflich zu benehmen.

➜ Überlege genau, auf welche dieser Regeln Folgendes zutrifft:
 – An die damalige Zeit gebunden und Ausdruck eines Verständnisses von Schule und Erziehung, das heute nicht mehr gilt. _____
 – Aus Besonderheiten der geschichtlichen Situation entstanden, die es heute in dieser Form nicht mehr gibt. _____
 – Auch in der heutigen Zeit und für die heutige Schule noch sinnvoll und notwendig. _____

➜ Begründe deine Entscheidung für jede einzelne Aussage schriftlich auf einem extra Blatt.

PROFESSOR UNRAT

Im Jahre 1905 erschien der Roman *Professor Unrat* von Heinrich Mann. Professor Rat, von seinen Schülern nur „Unrat" genannt, ist Gymnasiallehrer in einer Kleinstadt. Zu Beginn des Romans wird er von Mann wie folgt charakterisiert:

Das fortwährende Bedürfnis in jugendlichen Gliedern und in jugendlichen Gehirnen, in denen von Knaben, von jungen Hunden – ihr Bedürfnis zu jagen, Lärm zu machen, Püffe auszuteilen, weh zu tun, Streiche zu begehen, überflüssigen Mut und Kraft ohne Verwendung auf nichtsnutzige Weise loszuwerden: Unrat hatte es vergessen und nie begriffen. Wenn er strafte, tat er es nicht mit dem überlegenen Vorbehalt: „Ihr seid Rabauken, wie's euch zukommt, aber Zucht muß sein"; sondern er strafte im Ernst und mit zusammengebissenen Zähnen. Was in der Schule vorging, hatte für Unrat Ernst und Wirklichkeit des Lebens. Trägheit kam der Verderblichkeit eines unnützen Bürgers gleich, Unachtsamkeit und Lachen waren Widerstand gegen die Staatsgewalt, eine Knallerbse leitete Revolution ein, *versuchter Betrug* entehrte für alle Zukunft. Und ... allen, die ihn je angetastet hatten, vergaß Unrat es nie.

Da er seit einem Vierteljahrhundert an der Anstalt wirkte, waren Stadt und Umgegend voll von seinen ehemaligen Schülern, von solchen, die er bei Nennung seines Namens *gefaßt* oder denen er es *nicht hatte beweisen* können. ... Ein Neuer konnte sich bei der ersten falschen Antwort anfauchen hören: „Von Ihnen habe ich hier schon drei gehabt. Ich hasse Ihre ganze Familie."

(Heinrich Mann: Professor Unrat. © S. Fischer Verlag GmbH, Frankfurt am Main 1994. Alle Rechte vorbehalten.)

➡ Wie ist unter den Leitbildern einer „demokratischen Schule" und eines „professionell handelnden Lehrers" das Verhalten Unrats einzuschätzen? Begründe dein Urteil über Professor Unrat schriftlich.

_____

_____

_____

_____

_____

_____

➡ Nach welchen Grundsätzen sollte ein demokratisch und professionell handelnder Lehrer seine Tätigkeit ausüben?

_____

_____

_____

_____

_____

DER SINN VON REGELN

Die Halephagen-Schule in Buxtehude hat vor einiger Zeit ein besonderes Experiment durchgeführt: Während einer gesamten (Projekt-)Woche wurde aus der Schule ein Modellstaat mit völlig gleichberechtigten *Bürgern*, d.h. Lehrern und Schülern. Im Folgenden findest du Auszüge aus der *Verfassung*:

Das Volk
- Alle Schüler und Lehrer der Halepaghen-Schule sind Bürger. Jeder Bürger ist zur Arbeit verpflichtet.
- Das Volk wählt vor Staatseröffnung einen Präsidenten und Parlamentarier.

Der Präsident
- Präsident wird, wer spätestens im zweiten Wahlgang die absolute Mehrheit der Stimmen erhält.
- ernennt diejenigen Kandidaten zu Ministern, die auf der Liste ihrer Partei stehen.
- ist zur Anwesenheit bei Parlamentssitzungen verpflichtet.
- hat bei Parlamentsbeschlüssen ein Vetorecht. Sein Veto kann aber mit Dreiviertelmehrheit im Parlament überstimmt werden.

Die Minister für Wirtschaft, für Arbeit, für Kultur, für Öffentlichen Dienst
- wohnen den Parlamentssitzungen bei, haben aber kein Stimmrecht.
- bringen im Parlament Gesetzesvorschläge ein, die in ihr Ressort fallen.

Das Parlament
- besteht aus 29 Abgeordneten.
- Die Legislaturperiode beträgt eine Projektwoche.
- erhält vom Präsidenten Bericht über die Lage der Nation zu Beginn einer jeden Sitzung.
- Gesetzesvorschläge werden diskutiert, wenn wenigstens fünf Parlamentarier den Antrag unterschreiben. Es folgt eine Abstimmung, bei der über Einführung oder Änderung des Gesetzes entschieden wird.
- Gesetzesvorschläge vom Volk können nur eingebracht werden, wenn mindestens 100 Bürger den Vorschlag unterzeichnen.

➡ Die Verfassung ist nur in Auszügen wiedergegeben. Vervollständige sie.

➡ Stell dir vor, du bist Reporter der Buxtehuder Tageszeitung. Schreibe auf einem extra Blatt einen ausführlichen Bericht über Ereignisse während der Projektwoche (die du natürlich erfinden musst).

➡ Schreibe einen ebenso ausführlichen Kommentar, in dem du Stellung nimmst zu den (vermutlichen) Lernzielen dieses Experiments.

DIE SV (SCHÜLERVERTRETUNG)

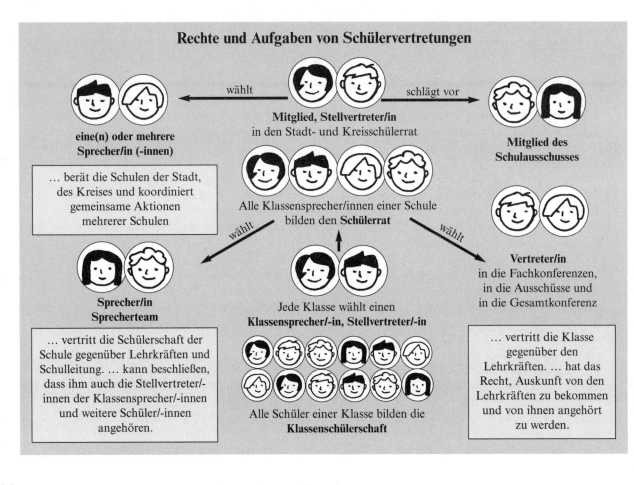

Rechte und Aufgaben von Schülervertretungen

wählt

schlägt vor

Mitglied, Stellvertreter/in
in den Stadt- und Kreisschülerrat

**eine(n) oder mehrere
Sprecher/in (-innen)**

**Mitglied des
Schulausschusses**

... berät die Schulen der Stadt, des Kreises und koordiniert gemeinsame Aktionen mehrerer Schulen

Alle Klassensprecher/innen einer Schule bilden den **Schülerrat**

wählt

wählt

**Sprecher/in
Sprecherteam**

Jede Klasse wählt einen
Klassensprecher/-in, Stellvertreter/-in

Vertreter/in
in die Fachkonferenzen, in die Ausschüsse und in die Gesamtkonferenz

... vertritt die Schülerschaft der Schule gegenüber Lehrkräften und Schulleitung. ... kann beschließen, dass ihm auch die Stellvertreter/-innen der Klassensprecher/-innen und weitere Schüler/-innen angehören.

Alle Schüler einer Klasse bilden die
Klassenschülerschaft

... vertritt die Klasse gegenüber den Lehrkräften. ... hat das Recht, Auskunft von den Lehrkräften zu bekommen und von ihnen angehört zu werden.

➜ Beschreibe in eigenen Worten den dreistufigen Aufbau des SV-Konzeptes.

_____

_____

_____

_____

➜ Was hat sich deiner Meinung nach bewährt, was könnte verbessert werden?

_____

_____

_____

_____

➜ Führe ein Interview oder eine schriftliche Befragung mit einem SV-Vertreter deiner Schule durch, in dem du erfragst, für wie groß und wie effektiv er die tatsächlichen Mitbestimmungs- und Entscheidungsmöglichkeiten hält. Schreibe anschließend einen kurzen Artikel für eure Schülerzeitung.

DAS TRAININGSRAUM-PROGRAMM
zur Vermeidung von Unterrichtsstörungen

Das erste und wesentlichste Ziel des Programms besteht darin, die lernbereiten Schüler und Schülerinnen zu schützen und ihnen einen entspannten, ungestörten und qualitativ guten Unterricht anzubieten.

Das zweite Ziel des Programms besteht darin, häufig störenden Schülern und Schülerinnen Hilfen anzubieten, die darauf ausgerichtet sind, dass sie ihr Sozialverhalten verbessern und die notwendigen sozialen Schlüsselqualifikationen erwerben.

Es basiert auf folgenden Regeln:

1.) Jede Schülerin und jeder Schüler hat das Recht ungestört zu lernen.
2.) Jede Lehrerin und jeder Lehrer hat das Recht ungestört zu unterrichten.
3.) Jede und jeder muss stets die Rechte der anderen respektieren.

Über diese Regeln kann nicht abgestimmt werden, da es keine Alternative zum respektvollen Umgang

miteinander gibt. Wenn ein Schüler in der Klasse den Unterricht stört, wird er respektvoll ermahnt und gefragt, ob er sich lieber an die Regeln halten möchte, oder ob er in den Trainingsraum für verantwortliches Denken gehen möchte. (Der Trainingsraum ist ein separater Raum, in dem immer ein Lehrer Aufsicht führt und ansprechbar ist). Wenn der Schüler nicht einlenkt, dann muss er in den Trainingsraum gehen. Wenn er zurück in die Klasse möchte, muss er einen Rückkehrplan erstellen, indem er darlegt, wie er es das nächste Mal schaffen will, seine Ziele zu erreichen, ohne die anderen in der Klasse zu stören.

(Quelle: www.trainingsraum.de)

▶ Die Begründer des Trainingsraumkonzeptes sagen, dass es sich um ein *win/win*-Programm handelt, also eines, bei dem es nur Gewinner geben kann. Versuche, diese Argumentation nachzuvollziehen und kommentiere sie.

_____

_____

_____

_____

_____

_____

_____

▶ Welche Verbesserungs- oder Erweiterungsvorschläge hast du, um die Effektivität und den Wirkungsgrad der Trainingsraummethode zu erhöhen?

_____

_____

_____

_____

▶ Was hältst du grundsätzlich von dem Konzept? Schreibe auf einem extra Blatt einen Kommentar.

MOBBING IN DER SCHULE – DAS BEISPIEL DANIEL

Daniel aus einer neunten Klasse berichtet – seelisch offensichtlich schwer belastet – seinem Schulleiter, er halte es nun nicht mehr aus in seiner Klasse. Die Kameraden schikanierten ihn täglich und versuchten ihn zu ärgern. …

Was war geschehen? Seit Monaten gaben die hinter ihm sitzenden Schüler immer wieder leise und fast nur für ihn hörbar Hundelaute von sich, knurrten und bellten. Nur Daniel und einige wenige Mitschüler wussten, was dies bedeutet. … Wenn ihn die anderen ärgern wollten, machten sie „wie Opa Feiningers Hund". Neuerdings aber trieben sie es derartig schlimm, dass er es nicht mehr aushalte. Daniel war am Ende seiner Kräfte. Er hatte bis dahin bereits häufig wegen Krankheit gefehlt, wie der Klassenlehrer

besorgt festgestellt hatte. Manchmal war Daniel aus Angst vor seinen Peinigern morgens nicht in die Schule gegangen. Ein ziemlicher Einbruch seiner ohnedies nicht besonderen Leistungen war die Folge.

Trotz Beendigung des Mobbings – durch die entschlossene Haltung des Schulleiters und der unterrichtenden Lehrer waren die Mobber von ihrem schäbigen Tun abgebracht worden – war der Leistungseinbruch nicht mehr aufzuholen. Daniel verließ am Schuljahresende entnervt die Schule. Selbst das Angebot der Aussetzung der Versetzung für ein halbes Jahr konnte ihn nicht davon abhalten. Er wollte nur noch seinen Peinigern entkommen.

(Horst Kasper: Mobbing in der Schule. Weinheim und Basel, Beltz, 1998, S. 65)

➡ Entwickle einen Fragebogen für Mobbing-Betroffene. Was müsste er außer der bloßen *Bestandsaufnahme* deiner Meinung nach noch enthalten? Sammle hier erste Stichpunkte.

_____

_____

_____

➡ Entwickle alleine oder gemeinsam mit deinen Mitschülern ein Konzept gegen Mobbing. Falls an deiner Schule schon so ein Konzept existiert: Formuliere allein oder in Zusammenarbeit mit anderen begründeten Verbesserungs- und Erweiterungsvorschlägen. Erste Stichpunkte:

_____

_____

_____

➡ Informiere dich (z. B. im Internet) über Anlaufstellen und Hilfsangebote für Mobbing-Opfer.

_____

_____

_____

_____

➡ Erläutere auf der Blattrückseite, weshalb die seelischen Schäden bei Mobbing-Betroffenen noch lange nach der Beendigung der Situation des Gemobbtwerdens andauern.

SCHÜLER-LEHRER-VERTRAG

An der Schule, an der der Autor des vorliegenden Arbeitsblattes unterrichtet, gibt es
die Möglichkeit für Schüler und Lehrer folgenden Vertrag abzuschließen:

Vereinbarung

zwischen.....................................
Klasse.......................................

und dem

Gymnasium
an der Willmsstraße

**Die 10 Grundsätze des Gymnasiums
erkenne ich an.**

Ich habe das Recht

* auf einen geordneten Unterricht
* von Lehrerinnen und Lehrern freundlich und fair behandelt zu werden
* von Mitschülern und Mitschülerinnen unbelästigt in Schule und Klasse
  leben und lernen zu können
* Kritik an Menschen (Mitschülern und Mitschülerinnen, Lehrern und
  Lehrerinnen) und Zuständen äußern zu dürfen
* auf Einhaltung der Pausenzeiten

Ich habe die Pflicht

* Anweisungen zu folgen
* regelmäßig am Unterricht teilzunehmen und unaufgefordert eine Ent-
  schuldigung vorzulegen, wenn ich Unterricht versäumt habe
* mit meinen Mitmenschen im Schulalltag fair umzugehen, d.h. sie
  nicht zu kränken oder ihnen gar Gewalt anzutun
* die Verantwortung für eine saubere und ansprechende Schule mitzu-
  tragen
* Zigaretten in der Schule völlig zu meiden

Ort, Datum ....

Schülerunterschrift..........................

Lehrerunterschrift...........................

➡ Welche Vor- und Nachteile hat so ein Vertrag für beide Seiten? Begründe bitte ausführlich schriftlich. Erste
Stichpunkte:

➡ Wie schätzt du die Wirksamkeit dieses Vertrages ein? Auch hier bitte eine ausführlich Begründung.
Erste Stichpunkte:

➡ Was würdest du an dem Vertrag ändern, streichen, verbessern? Du kannst bei Bedarf gleich oben in bzw.
neben den Abdruck schreiben.

SCHLUSS MIT DEN SÜßIGKEITEN IN SCHULEN

«Les sucreries dans les écoles, c'est fini!» (*ouest-france*, 29.07.2004)

Frankreich hat kurz vor den parlamentarischen Sommerferien 2004 neben einer Fülle von weiteren Gesetzesvorlagen beschlossen, Süßigkeiten und süße Getränke aus dem Schulgebäude zu verbannen.

Diesem Thema war nicht nur die erste Seite der bedeutenden französischen Regionalzeitung *ouest-france* gewidmet, sondern ebenso der Leitartikel der großen Tageszeitung *Le Monde*, was die Bedeutung des Problems veranschaulicht. Damit haben die Abgeordneten, wie jemand aus ihren eigenen Reihen meinte, eine weise Entscheidung gefällt – gegen die starke Lobby der Lebensmittelindustrie.

Die vorausgegangene Kampagne von Medizinern und Konsumenten zielte darauf ab, dem Übergewicht den Kampf anzusagen, womit natürlich auch die Konsum- und Essgewohnheiten gemeint sind. Nun müssen Automaten, die mit Zucker gesüßte Produkte vertreiben, aus den Schulen verschwinden. Stattdessen sollen Obst, Gemüse und Wasser angeboten werden.

Werbespots in Radio und Fernsehen werden zwar nicht verboten, aber sie sollen eine Information zur Gesundheit enthalten. Verstoßen sie gegen dieses Gesetz, müssen die Firmen als Ausgleich einen finanziellen Beitrag zur Prävention und Gesundheitserziehung leisten (in Höhe von 5 % der für die Werbung ausgegebenen Summe).

➜ Beschreibe und erkläre auf der Grundlage des einführenden Textes die Zeichnung oben.

_____

_____

_____

_____

_____

_____

➜ Ermittelt genau, was bei euch in der Schule (Automaten, Cafeteria) und in anderen Schulen am Ort (evtl. auch in eurer Partnerschule) verkauft wird. Fertigt dazu eine sinnvoll gegliederte Liste mit den verkauften Produkten an. Präsentiert eure Ergebnisse in einer ansprechenden Weise (z. B. als Collage mit möglichst genauen Angaben zu den Anteilen der verschiedenen Produkte) in eurer Klasse.

➜ Stellt – evtl. in Zusammenarbeit mit den Naturwissenschaftlern oder einem Gesundheitsberater eurer Stadt – einen Katalog mit den Produkten auf, die ihr euch für eure Schule wünscht, damit ihr möglichst *fit for school and life* bleibt.

DAS TRADITIONELLE SCHICHTENMODELL

Die folgende *Zwiebel* zeigt die vertikale Sozialschichtung (von *unten* nach *oben*), wie sie in einer Gesellschaft wie der Bundesrepublik nach wie vor grundszärtlich besteht:

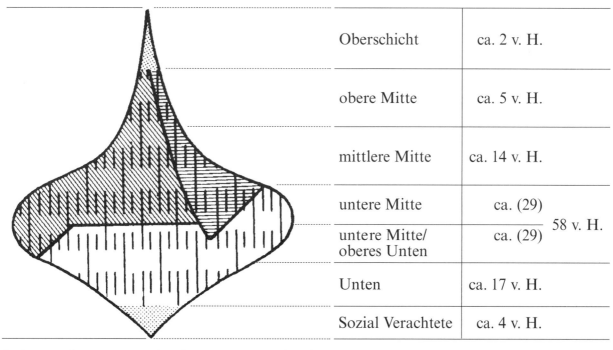

Oberschicht	ca. 2 v. H.
obere Mitte	ca. 5 v. H.
mittlere Mitte	ca. 14 v. H.
untere Mitte	ca. (29)
untere Mitte/ oberes Unten	ca. (29)
Unten	ca. 17 v. H.
Sozial Verachtete	ca. 4 v. H.

58 v. H.

(Karl Martin Bolte: Deutsche Gesellschaft im Wandel. Opladen (Leske) 1967, S. 315)

➡ Stell dir vor, du bist Sozialforscher und sollst die gegenwärtige soziale Schichtung in Deutschland untersuchen. Entwickle einen Erhebungsbogen mit möglichst genauen Merkmalen zur Bestimmung der Schichtzugehörigkeit. Sammle hier erste Überlegungen, welche Informationen du brauchst.

➡ Vergleiche mit der Lösungsvorgabe, die deine Lehrerin/dein Lehrer zur Verfügung stellt, bevor du mit der nächsten Aufgabe beginnst. Vervollständige deinen Erhebungsbogen, falls nötig.

➡ Nimm selbst eine Untersuchung mit dir bekannten Erwachsenen vor und stelle ihre jeweilige Punktezahl fest. Sammle hier erste Überlegungen, welche Informationen du brauchst.

➡ Überlege schriftlich, worüber dein Erhebungsbogen keinerlei Auskunft gibt.

SOZIALPRESTIGE VON BERUFEN

Neben dem *objektiven*, auf Statistik beruhenden Verfahren der Schichtzugehörigkeitsmessung (vgl. S. 33), gibt es andere Ansätze, die eher das Ansehen, das die verschiedenen Berufe in der Gesellschaft genießen, zu messen versuchen. Die folgende Liste von 40 Berufen wurde von uns rund 200 Jugendlichen vorgelegt mit der Aufforderung, die Berufe nach Sozialprestige zu ordnen: Der in ihren Augen höchstangesehene Beruf sollte mit der Ziffer 1 bezeichnet und dann fortlaufend alle Berufe bis 40 (für den am wenigsten angesehen Beruf) nach Sozialprestige geordnet werden. Das Ergebnis dieser Umfrage stellt dir deine Lehrerin/dein Lehrer zur Verfügung.

➡️ Ordne die folgenden Berufe gemäß dem o. g. Prinzip nach ihrem Sozialprestige.

☐ Versicherungsvertreter	☐ Universitätsprofessor	☐ Kellner
☐ Malermeister	☐ Bischof	☐ Müllabfuhrarbeiter
☐ Journalist	☐ Möbelpacker	☐ Schlossergeselle
☐ Oberbürgermeister	☐ Rundfunkreporter	☐ Postbote
☐ Feinmechaniker	☐ Förster	☐ Fensterputzer
☐ Rechtsanwalt	☐ Chefarzt eines großen	☐ Kanalarbeiter
☐ Apotheker	Krankenhauses	☐ Lokomotivführer
☐ Studienrat	☐ Steuerberater	☐ Gesandter im
☐ Architekt	☐ Parkwächter	diplomatischen Dienst
☐ Generalleutnant	☐ Standesbeamter	
☐ Grundschullehrer	☐ Generaldirektor eines	
☐ Flugzeugführer	Industriekonzerns	
☐ Zahnarzt	☐ Technischer Zeichner	
☐ Großhandelskaufmann	☐ Straßenbahnschaffner	
☐ Kriminalinspektor	☐ Verkehrspolizist	
☐ Staatsanwalt	☐ Krankenpfleger	
☐ Straßenbauingenieur	☐ Gepäckträger	

➡️ Erläutere auf einem extra Blatt ausführlich die Gemeinsamkeiten und Unterschiede zwischen deinem Ergebnis und dem unserer Umfrage.

➡️ Was ist deiner Meinung nach maßgeblich für die Rangfolge in Bezug auf das Sozialprestige? Nur das Einkommen?

_____

_____

_____

_____

_____

UNSERE GESELLSCHAFT IN SCHLAGWORTEN

Single-Gesellschaft

Protest-gesellschaft

Freizeit-gesellschaft

Bürger-gesellschaft

Moderne Kommunikations-gesellschaft

Risiko-gesellschaft

Multikulturelle (Multikulti-)Gesellschaft

Wissens-gesellschaft

Aufstiegs-gesellschaft

Leistungs-gesellschaft

Raff-gesellschaft

Arbeits-gesellschaft

Wohlstands-gesellschaft

Informations-gesellschaft

Zweidrittel-gesellschaft

Erlebnis-gesellschaft

Postindustrielle Gesellschaft

Solidarische Gesellschaft

Familienfeindliche Gesellschaft

Konsum-gesellschaft

Stress-gesellschaft

Männer-gesellschaft

Süchtige Gesellschaft

Spaß-gesellschaft

➡️ Lege für jeden Begriff ein Dossier an (als Karteikarte, Datei o. Ä.). Erkläre in eigenen Worten die Begriffe, die dir von vornherein klar sind, und benutze dann andere Hilfsmittel wie z. B. Lexika oder das Internet, um die fehlenden Begriffe zu klären.

➡️ Welches Bild von unserer Gesellschaft verbirgt sich hinter den einzelnen Begriffen? Achte bei der Klärung dieser Frage besonders auf die Rolle des Einzelnen und auf die Anforderungen an ihn. Beziehe ferner dein Wissen über die Klassengesellschaft und das Schichtenmodell mit ein (vgl. S. 33f.).

➡️ In welcher Gesellschaft lebst du heute? Begründe deine Antwort und diskutiere sie in der Klasse.

_____

_____

_____

➡️ Wie könnte die Gesellschaft der Zukunft aussehen? Fällt dir ein Schlagwort ein? Erläutere bitte.

_____

_____

_____

_____

GEWANDELTE KRITERIEN ZUR BESTIMMUNG DER SOZIALEN LAGE

Das *Zwiebelmodell* der Sozialschichtung (vgl. S. 33) gibt in der Gegenwart nur noch begrenzt Auskunft über die tatsächliche Lebenslage der Bürger der Bundesrepublik. In der folgenden Grafik werden zwei Bevölkerungsschichten verglichen, die in der *Zwiebel* derselben Schicht – *unterste Mitte* – angehören, deren Lage sich aber dann, wenn man weitere Maßstäbe anlegt, durchaus ganz wesentlich unterscheidet:

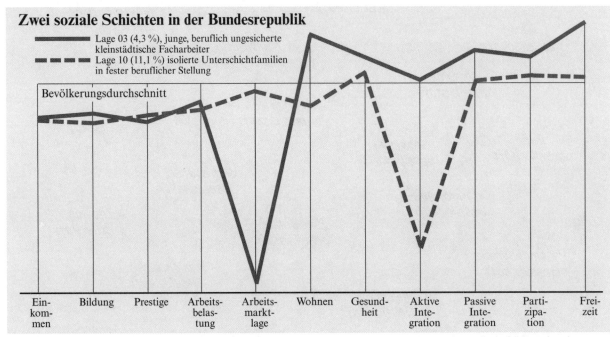

Zwei soziale Schichten in der Bundesrepublik

— Lage 03 (4,3 %), junge, beruflich ungesicherte kleinstädtische Facharbeiter
--- Lage 10 (11,1 %) isolierte Unterschichtfamilien in fester beruflicher Stellung

Bevölkerungsdurchschnitt

Ein-kom-men · Bildung · Prestige · Arbeits-belas-tung · Arbeits-markt-lage · Wohnen · Gesund-heit · Aktive Inte-gration · Passive Inte-gration · Parti-zipa-tion · Frei-zeit

(Nach: S. Hradil: Von der „Nivellierten Mittelstandsgesellschaft" zur „Pluraldifferenzierten Wohlstandsgesellschaft". In: Politische bildung, 2/1997, S. 27f.)

➡ Erläutere in eigenen Worten die 11 (in der Grafik unten stehenden) Merkmale, nach denen die Unterscheidung vorgenommen worden ist.

_____

_____

_____

_____

_____

_____

_____

_____

_____

_____

➡ Werte die Tabelle schriftlich auf einem extra Blatt aus.

➡ Interpretiere die Grafik schriftlich unter der Fragestellung, warum sich heutige Sozialforscher mit Untersuchungen dieser Art überhaupt befassen.

MILIEUSTRUKTURIERTE GESELLSCHAFT

Die Milieus und die Liturgie in der evangelischen Kirche

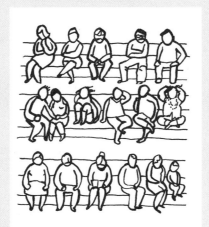

Pfarrer C. ist sauer. Stundenlang hat er seinen Predigttext im Hinblick auf theologische Richtigkeit und sprachliche Vollkommenheit zurechtgefeilt, mit dem Organisten und dem Chor bedeutungsvolle Lieder ausgewählt. – Reaktion der Gemeinde: Ein bisschen lang sei es gewesen und die Lieder halt so gar nicht zum Mitsingen geeignet. „So nimm denn meine Hände" möchte man so gerne mal wieder hören.
Was wird aus dem evangelischen Gottesdienst? (...) Der Münchner Theologe Professor Eberhard Hauschild beschrieb das Dilemma: *Nette* Gottesdienste stoßen beim *Niveaumilieu* auf Abscheu. Dort sitzt man lieber still, hasst Gefühlsausbrüche und lässt sich in-

tellektuell bestätigen, am besten vom Universitätsprediger, begleitet vom Bach-Ensemble. So viel Steifheit ist wiederum dem *Selbstverwirklichungsmilieu* ein Gräuel. Man tanzt, diskutiert, meditiert und alle fassen sich an. Sich nur nichts vor-setzen lassen, lautet das Motto. Der Pfarrer trägt Jeans und sagt *du*. Kopfschütteln herrscht im *Harmoniemilieu*. Man hat gelesen, dass es Techno-Gottesdienste gibt, mit Trockeneisschwaden und unkontrolliert zuckenden Gliedern. Das *Harmoniemilieu* liebt die gewohnte Agende, es kann Extreme nicht leiden. Hauptsache der Pfarrer redet in den vertrauten Wendungen und die Orgel spielt irgendetwas.

(P. Reich: Jeans und Gregorianik unvereinbar? In: Fränkisches Tageblatt, 14.7.1997)

➜ Informiere dich in einem Lexikon über die genaue Bedeutung des Begriffes „Milieu".

_____

_____

_____

_____

➜ Sozialforscher behaupten, dass neben dem traditionellen *Zwiebelmodell* (vgl. S. 33) der gesellschaftlichen Schichtung sich heute immer mehr unterschiedliche Milieus bilden. Kennst du selbst solche Milieus und kannst du dir vorstellen, nach welchen Auswahlkriterien sich Milieus bilden (z. B. in Bezug auf Sport, Freizeit, Konsumgewohnheiten, Weltanschauungen ...)?

_____

_____

_____

_____

➜ Beschreibe auf einem extra Blatt ein wirklich existierendes oder auch ein erfundenes Milieu sehr genau.

ERLEBNISGESELLSCHAFT

→ *Einkaufen als Erlebnis –*
Entwickle einen Werbetext (ca. 5–7 Sätze)
zu diesem Slogan.

_____

_____

_____

_____

_____

_____

_____

_____

_____

_____

_____

_____

_____

_____

_____

_____

_____

_____

Konsumartikel Mensch

(Interview mit dem Bamberger Soziologen Professor Gerhard Schulze)

STERN: Warum leben immer mehr Menschen allein?

SCHULZE: Viele suchen den Sinn des Lebens vor allem in Erlebnissen und glauben, das am besten allein verwirklichen zu können.

STERN: Sind Singles nicht auch wegen ihrer hohen Ansprüche bindungsunfähig?

SCHULZE: Die Vorstellung, dass es etwas Besseres gibt als das, was man gerade hat, mag es sich nun um Sachen oder um Personen handeln, ist typisch für unsere Erlebnisgesellschaft. Deshalb ist unser Konsum vom ständigen Austausch der Produkte bestimmt, und deshalb kann man sich auch zu jedem Menschen eine Alternative vorstellen. So stehen wir vor dem Phänomen, dass viele, die allein sind, zwar gern eine Partnerschaft hätten, aber unbewusst ihre eigenen Beziehungsversuche untergraben, weil die Trennung aus Langeweile oder Frustration von Anfang an mitgedacht wird.

STERN: Nun gibt's wohl doch noch einen Unterschied zwischen Konsumartikel und Mensch.

SCHULZE: Das schon, aber viele neigen dazu, Produkte und Partner mittlerweile in ähnlicher Weise zu beurteilen. Wir fragen „Was bringt uns das?", und meinen damit nicht nur Sachen, sondern auch Beziehungen.

STERN: Gab es dies Kosten-Nutzen-Denken nicht schon immer?

SCHULZE: Im Prinzip gab es das schon immer. Aber heute wird noch mehr Wert auf den Nutzen gelegt. In der Nachkriegszeit mussten die Menschen erst einmal ihre Existenz sichern. In unserer heutigen Überflussgesellschaft steht der Wunsch nach einem schönen, interessanten Leben im Vordergrund. Dieses Motiv ist so selbstverständlich geworden, dass uns seine Besonderheit gar nicht mehr auffällt.

(Stern, 21.1.1993)

→ Welche Bedeutung hat nach Schulzes Meinung unser heutiger Lebensstandard für die Erlebnisgesellschaft? Gab es diese Erlebnisgesellschaft auch schon in früheren Zeiten?

_____

_____

_____

→ Wie kommt Schulze dazu, Menschen mit Konsumartikeln zu vergleichen? Schreibe auf einem extra Blatt einen Kommentar zu seiner Auffassung.

JUGEND 2000

Die folgende Übersicht stammt aus der repräsentativen Studie *Jugend 2000* und zeigt fünf heutige Jugendmilieus:

Die Traditionellen

Anteil: 20 %

♂ 49 %　♀ 51 %

Ausgeprägte Werte:
– Menschlichkeit, Familien- und Berufsorienterung, Selbstmanagement
– Sehen gesellschaftliche Zukunft verhalten positiv, die eigene überdurchschnittlich optimistisch

Wichtig:
– Längerfristige Nützlichkeitsüberlegungen, Lebensplanung, Leistungsorienterung, Rücksichtnahme auf die Interessen anderer

Weniger gefragt:
– Gegenwartsorienterung, Arrangements auf Widerruf, Selbstbehauptung, Rückzug ins Private

Die Distanzierten

Anteil: 20 %

♂ 56 %　♀ 44 %

– Herkunft: Großstadt oder Gebiete mit starker Bevölkerungsdichte
– Geringeres Bildungsniveau der Eltern
– Genussorientierung vor Leistungsorientierung
– Leben stark gegenwartsbezogen, vermeiden langfristige Verpflichtungen
– Pleasure Revenge, Motto: „Genießen – jetzt erst recht!"
– Wenig ausgeprägte Anpassungsfähigkeit
– Eher zurückgezogenes Leben im Privaten

Die Vielseitigen

Anteil: 20 %

♂ 49 %　♀ 51 %

– Realschulabschluss dominiert
– Liberale Erziehung durch Eltern
– Hohe Persönlichkeitsressourcen
– Sicheres Vertrauen, die eigene Zukunft selbst gestalten zu können
– Anpassungsbereitschaft, starke Zukunftsorientierung, Leistungsorientierung
– frühzeitige familien- und berufsbezogene Lebenskonzepte
– Hohe Bereitschaft, später beruflich selbstständig zu sein

Die Modernen

Anteil: 20 %

♂ 49 %　♀ 51 %

– Hohe Bildungsorientierung
– Selbstbehauptung ist Schlüsselwert
– Individualität geht vor Gemeinsamkeit
– Genussorientierung, unmittelbarer Nutzen und Spaß spielen große Rolle
– Vielseitig interessiert, gegenwartsorientiert, mobil
– Der Beruf dominiert
– Ziel: „Viel Geld verdienen"
– Haben durchschnittlich selten Vorbilder
– Unwichtig: Klima am Arbeitsplatz, Umgang miteinander

Die Freizeitorientierten

Anteil: 20 %

♂ 49 %　♀ 51 %

– Setzen deutlich auf Genussorientierung
– Sehr wichtig:　– Persönliche Attraktivität
　　　　　　　　– Familienorientierung
　　　　　　　　– Autentizität
– Weniger wichtig:　– Selbstmanagement
　　　　　　　　　– Modernität
– Lassen das Leben auf sich zukommen
– Zukunftsorientierte Lebenshaltung gering ausgeprägt
– Freizeitgestaltung wichtiger als der Beruf

(*Brigitte* Nr. 14 / 2004, S. 141)

➜ *Erfinde* fünf typische Jugendlichen für die fünf Milieus. Fertige für jeden bzw. jede der fünf eine Kurzbeschreibung an und schreibe eine Tagebuchseite, in der du die Ereignisse eines Tages festhältst.

➜ Welchem der Milieus würdest du dich selbst am ehesten zuordnen? Begründe deine Entscheidung schriftlich.

LEBENSMÖGLICHKEITEN UND ROLLENERWARTUNGEN

Zwischen den beiden Kinderbildern liegen rund 100 Jahre. Das Foto links entstand um 1900 und zeigt die sechs Kinder des Dorfschmiedes Johann G. Auf dem Foto rechts – Anfang der 1990er Jahre entstanden – sind die Kinder des Lehrers Johannes G. abgebildet.

→ Überlege dir, welches berufliche und private Schicksal die sechs Kinder des Dorfschmiedes wahrscheinlich gehabt haben und schreibe auf einem extra Blatt jeweils einen knappen, erfundenen Lebenslauf. Du kannst den Personen zeitgenössische Namen geben oder sie nummerieren.

→ Überlege dir ebenfalls schriftlich, welchen Lebenslauf die vier Lehrerkinder haben können oder werden. Ordne auch ihnen Namen oder Ziffern zu.

→ Welche Unterschiede fallen dir auf? Wie sind diese Unterschiede zu erklären? Was bedeutet das für unsere heutige Gesellschaft und dein persönliches Leben?

_____

_____

_____

_____

_____

_____

_____

_____

_____

_____

_____

_____

RISIKOGESELLSCHAFT

Die Anteile der prinzipiell entscheidungsverschlossenen Lebensmöglichkeiten haben in den letzten 100 Jahren abgenommen, und die Anteile der entscheidungsoffenen, selbst herzustellenden haben in gleichem Maße zugenommen. ... Die Entscheidung über Ausbildung, Beruf, Arbeitsplatz, Wohnort, Ehepartner, Kinderzahl usw. mit all ihren

Unterentscheidungen können nicht nur, sondern müssen von jedem Einzelnen getroffen werden. ... Für den Einzelnen sind die persönlichen Lebensumstände nicht mehr nur Ereignisse und Verhältnisse, die über ihn hereinbrechen, sondern mindestens ebenso sehr Konsequenzen der von ihm selbst getroffenen Entscheidungen.

(Ulrich Beck: Risikogesellschaft. Auf dem Weg in eine andere Moderne. Frankfurt am Main (Suhrkamp) 1986, S, 216ff.)

➡ Siehst du Verbindungen zu dem Arbeitsblatt (S. 40) mit den Kinderfotos? Begründe bitte schriftlich.

_____

_____

_____

➡ Welche dich ganz persönlich betreffenden Lebensmöglichkeiten sind deiner Meinung nach *entscheidungsoffen*, welche *entscheidungsverschlossen*? Was bedeutet das für deine ganz persönliche Lebensplanung? Skizziere unter diesem Aspekt deine eigene Lebensplanung.

_____

_____

_____

➡ Erläutere, ob und inwieweit diese entscheidungsoffenen Lebensmöglichkeiten und die daraus folgenden Entscheidungen nicht nur als Chance, sondern auch als Bedrohung und/oder Überforderung erlebt werden können.

_____

_____

_____

➡ Versuche auf der Basis der letzten Aufgabe eine knappe Definition des Begriffes „Risikogesellschaft".

_____

_____

WISSENSGESELLSCHAFT

→ Versuche, die drei unter den Spiegelstrichen skizzierten Mechanismen mit eigenen Worten zu erläutern, und finde Beispiele für diese Entwicklungen.

_____

_____

_____

_____

_____

_____

_____

_____

_____

_____

_____

_____

_____

_____

_____

_____

Neben den „klassischen" Ressourcen für den Wohlstand eines Landes – also z. B. Rohstoffvorkommen, natürliche Energiequellen, klimatische Begünstigungen usw. – wird in Zukunft die Menge und insbesondere der Umgang mit Informationen als neue Ressource begriffen werden, die zunehmend an Bedeutung gewinnt. Informationen werden das Leben des modernen Menschen stärker beeinflussen als alles andere und die Gesellschaft schneller verändern als je zuvor, mit dreifacher Wirkung:

– als Produktionsfaktor: Als wichtigste Zukunftsressource werden die Informationen in Gestalt technologischen Wissens und der Verwissenschaftlichung der Gesellschaft mit Herrschaft verbunden.
– als Konsumgut: Vornehmlich in Bildform, gegenwärtig z. B. mit der Verkabelung der Gesellschaft stellvertretend für alle neuen Medien und dem von Kulturkritikern beklagten Verschwinden der Lesekultur in Verbindung gebracht.
– als Kontrollmittel: Mit Hilfe umfangreicher maschinenlesbarer Verzeichnisse können personenbezogene Angaben (Einzeldaten im Datenverbund für Persönlichkeitsprofile) von Überwachungsinstanzen ausgewertet werden (Alptraum vom „gläsernen Menschen").

→ Informiere dich, was hinter dem Schlagwort vom *Green-Card-Inder* steckt und stelle Zusammenhänge zum Text her.

_____

_____

_____

→ Schon heute sind die so genannten *wissensintensiven Dienstleistungen* der am stärksten wachsende Sektor in unserer Gesellschaft. Versuche eine Definition dieses Begriffes. Schaue anschließend in den Stellanzeigenteil einer (Samstags-)Zeitung und notiere Beispiele.

_____

_____

_____

MULTIKULTI-GESELLSCHAFT:
Schmelztiegel oder *Salatschüssel*?

Diese beiden Bilder werden immer wieder zur Veranschaulichung der beiden unterschiedlichen Konzepte einer möglichen multikulturellen Gesellschaft benutzt.

→ Überlege bitte genau: Was unterscheidet den Inhalt eines Schmelztiegels nach dem Schmelzvorgang von einem gemischten Salat und was hat dieser Unterschied mit dem Konzept der Multikulti-Gesellschaft zu tun? (Falls dir die Bedeutung der beiden Bilder überhaupt nicht deutlich wird, kannst du dich bei deiner Lehrerin/deinem Lehrer vor der Weiterarbeit informieren.)

_____

_____

_____

_____

→ Wie siehst du die Situation gegenwärtig in Deutschland in Bezug auf die ausländischen Mitbürger? Trifft eher das *Schmelztiegel-* oder das *Salatschüssel*-Modell zu? Belege deine Argumente mit Beispielen.

_____

_____

_____

_____

_____

_____

_____

→ Worin siehst du Ursachen für die in der letzten Aufgabe skizzierte Entwicklung?

_____

_____

_____

RELIGIOSITÄT KONTRA MULTIKULTI?

Der moderne Islam – ein zartes Pflänzchen

3,6 Millionen Muslime leben in Deutschland und ihre Zahl nimmt pro Jahr um 100.000 zu. Die Mehrheit in der Bundesrepublik habe ein berechtigtes Interesse, dass die muslimischen Mitbürger den demokratischen Rahmen des säkularisierten Staates „aus innerer Überzeugung" bejahten, sagte Islam-Professorin Rotraud Wielandt in der Gesprächsreihe Dialog im Landtag.

Doch ein Bekenntnis zur Scharia, der islamischen Rechtsordnung, schließe diese Identifikation mit dem demokratischen Staat aus. (...) Die Mehrheit der gläubigen Muslime seien Anhänger eines „traditionsgebundenen" Islam, der die Bejahung von Demokratie, pluralem Staat und einigen Menschenrechten wie Gleichberechtigung von Mann und Frau erschwere, analysierte Wielandt. Eine insbesondere in der Türkei entwickelte moderne Auslegung des Koran zeige jedoch, dass eine „Erneuerung möglich ist, wenn man mutig genug ist".

Faruk Sen vom Zentrum für Türkeistudien in Essen wies auf die Vielfalt des Islam hin. Es gebe 56 islamische Staaten und ebenso viele Erscheinungsformen, sagte Sen. Eine Untersuchung seines Instituts unter den Muslimen in Deutschland ergab, dass sich ein Drittel von ihnen als nicht oder gar nicht religiös versteht.

Von den anderen in Europa lebenden Muslimen träfen viele „pragmatische Arrangements" mit den säkularen Staaten, bestätigte Wielandt. In einer Art „Patchwork-Identität" nähmen sie sich aus dem Islam und ihrer europäischen Umwelt passende Elemente heraus. Die Frage sei allerdings, „wie viel Gespaltenheit langfristig aushaltbar" sei. Sen widersprach der These von der Reislamisierung der in Deutschland lebenden jungen Muslime. Die demonstrative Besinnung auf islamische Traditionen sei vielmehr eine „Trotzreaktion". Die Zahl der Anhänger von in Deutschland operierenden islamistischen Gruppen gehe „rapide" zurück.

(*Weser-Kurier*, 26.6.2004)

➡ Informiere dich – z. B. im Internet oder einem Religionsschulbuch – über die *Scharia*, und schreibe die Regelungen, die dir am wichtigsten erscheinen, in eigenen Worten auf.

_____

_____

_____

_____

➡ Kannst du jetzt die Meinung von Frau Professor Wielandt teilen, dass das Bekenntnis zur Scharia die Identifikation mit dem demokratischen Staat ausschließe oder würdest du ihr widersprechen? Begründe.

_____

_____

_____

➡ Nenne konkrete Beispiele für die „pragmatischen Arrangements", die von Muslimen getroffen werden – vielleicht ja auch aus deiner eigenem Umgebung.

_____

_____

➡ Was hältst du von der These Faruk Sens, die demonstrative Besinnung auf islamische Traditionen sei lediglich eine „Trotzreaktion"? Argumentiere bitte schriftlich auf einem extra Blatt.

VERLASST DIE ÜBUNGSRÄUME!

Seien wir ehrlich: Wenn man es den Lehrern überlassen würde, den Kindern das Fahrrad fahren beizubringen, gäbe es nicht viele Radfahrer. Bevor man auf ein Fahrrad steigt, muss man es doch kennen, das ist doch grundlegend, man muss die Teile, aus denen es zusammengesetzt ist, einzeln, von oben bis unten, betrachten und mit Erfolg viele Versuche mit den mechanischen Grundlagen der Übersetzung und mit dem Gleichgewicht absolviert haben.

Danach – aber nur danach! – würde dem Kind erlaubt, auf das Fahrrad zu steigen. Oh, keine Angst vor Übereilung, ganz ruhig. Man würde es doch nicht ganz unbedacht auf einer schwierigen Straße loslassen, wo es möglicherweise die Passanten gefährdet. Die Pädagogen hätten selbstverständlich gute Übungsfahrräder entwickelt, die auf einem Stativ befestigt sind, ins Leere drehen, und auf denen die Kinder ohne Risiko lernen können, sich auf dem Sattel zu halten und in die Pedale zu treten.

Aber sicher, erst wenn der Schüler fehlerfrei auf das Fahrrad steigen könnte, dürfte er sich frei dessen Mechanik aussetzen. Glücklicherweise machen die Kinder solchen allzu klugen und allzu methodischen Vorhaben der Pädagogen von vornherein einen Strich durch die Rechnung. In einer Scheune entdecken sie einen alten Bock ohne Reifen und Bremse, und heimlich lernen sie im Nu aufzusteigen, so wie im Übrigen alle Kinder lernen: ohne irgendwelche Kenntnis von Regeln oder Grundsätzen grapschen sie sich die Maschine, steuern auf den Abhang zu und ... landen im Straßengraben. Hartnäckig fangen sie von vorn an und – in einer Rekordzeit können sie Fahrrad fahren. Übung macht den Rest.

(...) Verlasst zu diesem Jahresanfang die Übungsräume: steigt auf die Fahrräder!

(Der Text stammt von Celestin Freinet, einem der berühmtesten Reformpädagogen, und ist gut 100 Jahre alt.)

➡️ Schreibt einen Leserbrief zur Situation der heutigen Schule, in dem ihr begeistert und begründet Stellung für Freinets Argumente nehmt.

➡️ Schreibt einen zweiten Leserbrief, der Freinets Position auf der Basis von Argumenten scharf kritisiert.

➡️ Sammelt hier erste Überlegungen:

Pro	Kontra

WELCHE SCHULE FÜR WEN?

Zusammensetzung der Schülerschaft an Haupt- und Realschulen sowie Gymnasien in Prozent
(jeweils statistische Mittelwerte)

Schulform	Eltern aus der Arbeiterschicht	Eltern sind Akademiker	Eltern stammen aus dem Ausland	Alleinerziehende(r) Mutter / Vater
Hauptschule	62,9	13,3	40,0	18,7
Realschule	42,5	28,1	20,3	14,0
Gymnasium				

➡ Interpretiere möglichst genau die Zahlen und fasse deine Ergebnisse in etwa fünf Thesen zusammen.

_____

_____

_____

_____

_____

_____

➡ Was bedeuten deine Thesen für das deutsche Bildungssystem allgemein?

_____

_____

_____

_____

_____

➡ Welche Vorschläge zur Verbesserung der Situation fallen dir ein? Schreibe sie in eine Liste und notiere Stichworte zu den jeweiligen Vor- und Nachteilen deiner Ideen.

COCA-COLA-SCHULEN IN DEN USA

Die gesellschaftliche Entwicklung in den USA ist der unserigen ja meistens um ein paar Jahre voraus, daher gibt es in den USA bereits so genannte Coca-Cola-Schulen. Dank seines aggressiven Marketings gerade unter Kindern und Jugendlichen hat es der Coca-Cola-Konzern geschafft, die enge Zusammenarbeit mit Schulen und ganzen Schulbezirken zu organisieren. Die *Blue Bell Hill Primary School* in St. Ann's ist so eine Schule. Dies zeigt sich darin, dass es eine von Schülerinnen betriebene Cafeteria gibt, die natürlich von Coca-Cola mit hauseigenen Produkten versorgt wird – zu niedrigen Preisen, versteht sich. Die Schülerinnen, die die Cafeteria betreiben, werden vom Konzern eigens geschult und mit Uniformen und Zertifikaten versorgt. Die Company bezeichnet ihr Engagement für die Blue Bell Hill Primary School als „positiven Einfluss auf die Schule und den Lehrplan", weil die Schülerinnen ein gesundes Getränk pro Tag erhalten und Arbeitsbedingungen sowie Job-Möglichkeiten im Einzelhandel bzw. die Selbstständigkeit als Karriere-Möglichkeit bereits in jungen Jahren erfahren.

➡ Welche Vor- und Nachteile hat eine derartige Zusammenarbeit von Schule und Wirtschaft, wie sie im Fall der Coca-Cola-Schulen verwirklicht worden ist?

Vorteile	*Nachteile*

➡ Vor einiger Zeit wurde in Deutschland der Vorschlag diskutiert, Schulen sollten die Außenflächen ihrer Gebäude für Werbezwecke gegen Geld an Firmen vermieten. Wie stehst du zu diesem Vorschlag? Bitte begründe schriftlich.

_____

_____

_____

_____

➡ Der Schule wird immer wieder vorgeworfen, nicht auf das *wirkliche Leben* vorzubereiten, sondern in einem nach außen abgeschotteten Schutzraum zu arbeiten. Könnte so etwas wie die Coca-Cola-Schule dies ändern? Erläutere auf einem extra Blatt.

WANDEL DER ERZIEHUNGSWERTE

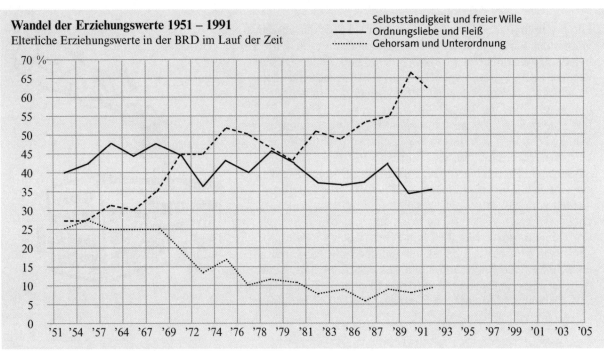

Wandel der Erziehungswerte 1951 – 1991
Elterliche Erziehungswerte in der BRD im Lauf der Zeit

- – – – Selbstständigkeit und freier Wille
- ——— Ordnungsliebe und Fleiß
- ·········· Gehorsam und Unterordnung

(Nach: Johannes Schittler und Peter Warlimont)

➜ Was sagt die Grafik aus?

_____

_____

_____

_____

_____

_____

➜ Vervollständige die Kurvenverläufe von 1992 bis heute. Begründe deine Annahmen über den Kurvenverlauf
(z. B. aus deinen eigenen Erfahrungen mit Eltern, Lehrern, anderen Erwachsenen usw.).

_____

_____

_____

_____

_____

➜ Welche Konsequenzen hat diese Grafik einschließlich ihrer Zukunftsperspektiven für Schule und
Ausbildung? Erläutere auf einem extra Blatt.

DREIGLIEDRIGES SCHULSYSTEM ODER GESAMTSCHULE?

G. Rüdell, Geliebte Schüler

Wenn in einer Schule die ganze Breite des Schulangebots vorhanden ist, erhöht dies die Möglichkeit für Kinder und Jugendliche ihre Interessen auszubilden und für ihre Neigungen entsprechende Möglichkeiten auszubilden. Durch die frühzeitige Festlegung auf Schulformen werden etwa Hauptschüler erst *gemacht*, sie werden nicht als solche geboren. (...) In Gesamtschulen erreichen mehr Schülerinnen und Schüler mittlere Abschlüsse als im traditionellen Schulsystem. Es bleiben auch weniger Schülerinnen und Schüler ohne Abschluss. (...)

S. Key, Gesiebte Schüler

Die integrierte Gesamtschule leidet (...) vor allem an einer riesigen Kluft zwischen überhöhten Ansprüchen und dem, was machbar ist. Ein Widerspruch offenbart sich in dem (...) auch bei größtem Engagement nicht realisierbaren Anspruch eine „Schule für alle" zu sein und daher alle Kinder – von extrem leistungsschwachen über sozial benachteiligte oder behinderte bis hin zu hoch begabten Kindern – gleichermaßen, gleichzeitig und optimal zu fördern und zu fordern. Kinder mit ganz unterschiedlichen Lernvoraussetzungen und Lernfähigkeiten benötigen unterschiedliche Unterrichtsbedingungen und Unterrichtsstile. (...) Die integrierte Gesamtschule erhebt den Anspruch die einzige humane, weil nicht auswählende Schule zu sein. In Wirklichkeit findet innerhalb ihrer Mauern eine in diesem Maß in keiner anderen Schulform mögliche Auslese und Aufteilung statt. (...)

(Quelle: *DIE ZEIT*, 12.5.1996)

➡ Formuliere die wichtigsten Argumente beider Texte in Form einer Pro- und Kontra-Tabelle.

Pro Gesamtschule	Kontra Gesamtschule

➡ Fallen dir weitere Argumente für und gegen das dreigliedrige Schulsystem bzw. die Gesamtschule ein? Ergänze sie in der obigen Tabelle.

➡ Schreibe eine auf Argumenten basierende „Lobrede" auf eines der beiden Systeme. Benutze dafür ein extra Blatt.

PISA UND DIE FOLGEN

Der Pisa-Schock in Deutschland sitzt tief und wirkt nachhaltig, denn die deutschen Schüler landeten bei dieser internationalen Vergleichsstudie weit abgeschlagen. Die Kompetenzen deutscher Schüler sind offenbar sehr viel geringer als die der Siegernationen.

Wichtig zu wissen ist noch, dass in dieser Studie nicht bloße Kenntnisse abgefragt wurde, wie dies etwa bei den Millionärsshows im Fernsehen der Fall ist, sondern Kompetenzen getestet wurden: Die Schüler mussten beispielsweise Informationen aus Texten entnehmen und selbstständig verknüpfen, weiterentwickeln, übertragen usw.

Reaktionen der Bildungspolitiker ließen nicht lange auf sich warten – hier die vorläufig wichtigste:

Vereinbarung über Bildungsstandards für den Mittleren Schulabschluss (Jahrgangsstufe 10)
(Beschluss der Kultusministerkonferenz vom 04.12.2003)

Die Kultusministerkonferenz sieht es als zentrale Aufgabe an, die Qualität schulischer Bildung, die Vergleichbarkeit schulischer Abschlüsse sowie die Durchlässigkeit des Bildungssystems zu sichern. Bildungsstandards sind hierbei von besonderer Bedeutung. Sie sind Bestandteile eines umfassenden Systems der Qualitätssicherung (...)
Bildungsstandards beschreiben erwartete Lernergebnisse. Ihre Anwendung bietet Hinweise für notwendige Förderungs- und Unterstützungsmaßnahmen. Bildungsstandards greifen allgemeine Bildungsziele auf und benennen Kompetenzen, die Schülerinnen und Schüler bis zu einer bestimmten

Jahrgangsstufe an zentralen Inhalten erworben haben sollen. Sie konzentrieren sich auf Kernbereiche eines Faches.
Bildungsstandards formulieren fachliche und fachübergreifende Basisqualifikationen, die für die weitere schulische und berufliche Ausbildung von Bedeutung sind und die anschlussfähiges Lernen ermöglichen. (...)

Die Kultusministerkonferenz hat beschlossen, Standards für den Mittleren Schulabschluss in den Fächern Deutsch, Mathematik und Erste Fremdsprache (Englisch/Französisch) zu erarbeiten.

(Nach: www.kmk.org/schul/home.htm. Hier kann auch der komplette Text eingesehen bzw. heruntergeladen werden)

Kontrolliert und begleitet werden soll diese Standardisierung durch zentrale Tests – in Niedersachsen z.B. vom Schuljahr 2004/5 an durch zentrale Vergleichsarbeiten in den Klassen 3, 6, 8 und eine der zentralen Abiturprüfung vergleichbare Abschlussprüfung am Ende von Klasse 10 (bzw. an der Hauptschule Kl. 9) – die anderen Bundesländer planen Ähnliches.

➔ Welche Vor- und welche Nachteile siehst du in der Einführung von inhaltlichen Bildungsstandards und zentralen Tests? Bitte begründe ausführlich schriftlich hier und auf der Blattrückseite.

_____

_____

_____

_____

_____

➔ Wie und in welchem Zeitraum könnten sich solche Maßnahmen auf das Abschneiden deutscher Schüler in späteren Tests (z.B. Pisa 2003 und 2006) auswirken? Begründe.

_____

_____

_____

BERUFSWAHL – EIN RISIKO?

→ Was hat diese kleine Geschichte mit der Situation eines jungen Menschen zu tun, der sich für einen Beruf entscheiden muss? Mit welchen Personen ist der Diener zu vergleichen? Warum hat es keinen Zweck, dem Reisenden Proviant mitzugeben?

_____

_____

_____

_____

_____

_____

_____

_____

_____

_____

Ich befahl, mein Pferd aus dem Stall zu holen. Der Diener verstand mich nicht. Ich ging selbst in den Stall, sattelte mein Pferd und bestieg es. In der Ferne hörte ich eine Trompete blasen, ich fragte ihn, was das bedeutete. Er wusste nichts und hatte nichts gehört.

Beim Tore hielt er mich auf und fragte: „Wohin reitet der Herr?" „Ich weiß es nicht", sagte ich, „nur weg von hier, nur weg von hier. Immerfort weg von hier, nur so kann ich mein Ziel erreichen."

„Du hast keinen Essvorrat mit", sagte er. „Ich brauche keinen", sagte ich, „die Reise ist so lang, dass ich verhungern muss, wenn ich auf dem Weg nichts bekomme. Kein Essvorrat kann mich retten. Es ist ja zum Glück eine wahrhaft ungeheure Reise."

(Freie Erzählfortsetzung einer Schülerin, nach: Franz Kafka: Der Aufbruch. In: ders., Gesammelte Werke, Bd. 5. Frankfurt am Main (S. Fischer) 1976, S. 96)

_____

_____

_____

_____

_____

→ Vergleiche den Ausgangspunkt des Reisenden mit dir selbst. Siehst du dich in einer ähnlichen, vielleicht sogar gleichen Situation oder beurteilst du deine Lage völlig anders? Bitte begründe schriftlich.

_____

_____

_____

_____

_____

_____

SOZIALKUNDE **Berufswahl**

WEGE DURCH DEN DSCHUNGEL: LEBENSPLANUNGSRALLYE

Die Beantwortung der folgenden Fragen (bitte auf einem extra Blatt) soll dir helfen, deine eigenen Schwerpunkte in der persönlichen Lebensplanung etwas deutlicher zu erkennen:

1 Was möchtest du zuerst nach deinem Schulabschluss machen?

2 Welche Ausbildung oder welches Studium möchtest du – unabhängig von deinem Abschlusszeugnis und der Studien- oder Arbeitsmarktsituation – am liebsten absolvieren?

3 Dein Partner/deine Partnerin studiert in Frankfurt a. M. Betriebswirtschaft. Er/sie möchte, dass du dir dort ebenfalls einen Ausbildungs- bzw. Studienplatz suchst. Deine Eltern versprechen dir ein Auto, wenn du deine Ausbildung in der Umgebung ihres Wohnortes beginnst, so dass keine zusätzlichen Mietkosten für ein Zimmer auf sie zukommen. Wie entscheidest du dich?

4 Dein Partner/deine Partnerin studiert in Frankfurt a. M. Betriebswirtschaft. Seit deiner Kindheit willst du Tierärztin/Tierarzt werden, aber der Studiengang Tiermedizin wird an der Uni dort nicht angeboten. Wie entscheidest du dich?

5 Wie möchtest du während deiner Ausbildung (deines Studiums) wohnen?
   – in einer kleinen Wohnung zusammen mit einer guten Freundin,
   – in einem Einzelapartment im Studentenwohnheim,
   – in einem Studentenwohnheim mit Gemeinschaftsräumen,
   – mit meinem Freund zusammen in einer kleinen Wohnung,
   – bei meinen Eltern,
   – in einer Wohngemeinschaft (gemischtgeschlechtlich,
   – in einem Einzelapartment eines großen Hauses,
   – in einem Zimmer in der Stadt mit netten Vermietern im Haus, aber ohne Familienanschluss

6 Wie alt bist du voraussichtlich, wenn du deine Ausbildung oder dein Studium abschließt?

7 Wie alt wirst du voraussichtlich sein, wenn du bereit bist, dein Leben mit deinem Partner/deiner Partnerin für immer zu teilen?

8 In welchem Alter möchtest du dein erstes Kind bekommen?

9 Du verdienst genauso gut wie dein Partner/deine Partnerin. Beim ersten Kind möchte er/sie Erziehungsurlaub nehmen. Bist du einverstanden?

10 Wer wird euer Kind (eure Kinder) versorgen, wenn ihr beide berufstätig seid?

11 Bei dieser Frage müssen die Jungs sich vorstellen, ein Mädchen zu sein:
Es war zwischen dir und deinem Mann abgemacht, dass du beim ersten Kind und dein Mann beim zweiten Kind Erziehungsurlaub nimmt. Als du zum zweiten Mal schwanger wirst, ist dein erstes Kind gerade ein Jahr alt, du hast seit über einem Jahr nicht mehr in deinem Beruf Wirtschaftsinformatik gearbeitet (nach der Entbindung und dem Schwangerschaftsurlaub sind es sogar zwei Jahre). Dein Mann steht kurz vor einer wichtigen Beförderung. Wie entscheidet ihr euch? Und: Welche Argumente hättest du in dem entscheidenden Gespräch?

12 Stell dir vor, du hast wegen der Kinderbetreuung eine mehrjährige Pause eingelegt, kannst aber jetzt wieder beruflich tätig sein. Was möchtest du machen: Im alten Beruf und in der alten Firma wieder Fuß fassen, in einer neuen Firma im alten Beruf wieder von vorn anfangen, einen ganz neuen Beruf erlernen, einen Heimarbeitsplatz am PC in deinem alten Beruf übernehmen?

13 Du hast, nachdem deine Kinder ausgezogen sind, in deinem neuen Beruf gut Fuß gefasst und er macht dir auch viel Freude. Die Bezahlung stimmt ebenfalls. Deine 20-jährige Tochter ist schwanger und bittet dich ihr Kind zu versorgen, sodass sie ihre Ausbildung abschließen kann. Was machst du?

EINFLUSSFAKTOREN: BERUFSFINDUNG

Der Prozess der Berufsfindung wird durch folgende Faktoren beeinflusst:

Der Mensch

1 Lebenskonzept
2 Neigungen/Interessen
3 Begabungen/Fähigkeiten
4 Schlüsselqualifikationen

Individueller Beruf

1 Güte der strukturellen Eigenschaften des Berufs
2 Güte der Berufstätigkeiten
3 Funktionsbild, Tätigkeitsbild und Rahmenbedingungen eines Berufs

Arbeitsmarkt

1 Berufe mit Zukunft
2 Was Personalchefs erwarten
3 Schul-, Studien- und Ausbildungswege

Nach: Praxishandbuch Berufsorientierung. Hrsg. von Carsten Kurreik. München (Geva-Institut GmbH, Gesellschaft für Verhaltensanalyse und Evaluation) 2000, S. 92

➡ Beschreibe in eigenen Worten, in welchem Spannungsfeld unterschiedlicher Bedürfnisse, Fähigkeiten und Ansprüche die Berufswahl stattfindet.

_____

_____

_____

_____

_____

_____

_____

_____

_____

_____

_____

_____

➡ Verdeutliche dir in Form eines persönlichen, schriftlichen Rechenschaftsberichtes deine ganz individuelle Entscheidungslage in diesem Spannungsfeld.

_____

_____

_____

_____

_____

_____

_____

_____

_____

EIGENE STÄRKEN UND INTERESSEN ERKENNEN

Schau dir die folgende „Wunschliste" für dein späteres Berufsleben genau an:

Ich möchte in meinem späteren Berufsleben:

☐ Keine allzu hohen Anforderungen an das Leben stellen, auch mit wenig zufrieden sein.

☐ Ganz für die Familie da sein, das Familienleben über den Beruf stellen.

☐ Meinen Frieden haben, möglichst wenig anecken.

☐ Liebevolle Menschen um mich haben, geliebt werden.

☐ Bei meinen Mitmenschen angesehen sein, etwas gelten.

☐ Immer an mir selbst arbeiten, nicht selbstzufrieden werden.

☐ Vorwärts kommen, es im Leben zu etwas bringen.

☐ Einen Beruf haben, der eine wirkliche Lebensaufgabe ist und mich voll und ganz ausfüllt.

☐ Einen Beruf haben, in dem man auch für andere Menschen etwas leistet, für andere Menschen da ist.

☐ Mit verantwortungsvollen, wichtigen Aufgaben betraut werden.

☐ Ein Beruf, bei dem man neue Wege gehen, neue Ideen ausprobieren kann.

☐ Eine leitende Stellung erreichen, bei der ich etwas zu sagen habe.

☐ Eine Tätigkeit haben, die hohe geistige Anforderungen stellt.

☐ Ein Beruf, in dem ich viel Geld verdiene.

☐ Das berufliche Weiterkommen über ein angenehmes Privatleben stellen.

☐ Mich durchsetzen, nicht immer Rücksicht auf andere nehmen.

☐ Reisen machen, immer Neues sehen und lernen.

☐ Etwas vom Leben haben, mir das Leben möglichst schön machen.

➡ Entscheide dich, welche dieser Gesichtspunkte dir am wichtigsten, welche am unwichtigsten sind. Vergib entsprechende Ziffern von -5 bis 5:
  0 = Gleichgültigkeit
  5 = persönlich am wichtigsten
  -5 = persönlich am unwichtigsten

➡ Begründe die getroffenen Entscheidungen schriftlich.

_____

_____

_____

_____

_____

_____

_____

_____

_____

_____

_____

_____

_____

_____

_____

_____

_____

_____

BILDUNGS- UND AUSBILDUNGSMÖGLICHKEITEN

Die folgende Grafik zeigt im Überblick die gegenwärtig wichtigsten Bildungs- und Ausbildungsmöglichkeiten in Deutschland.

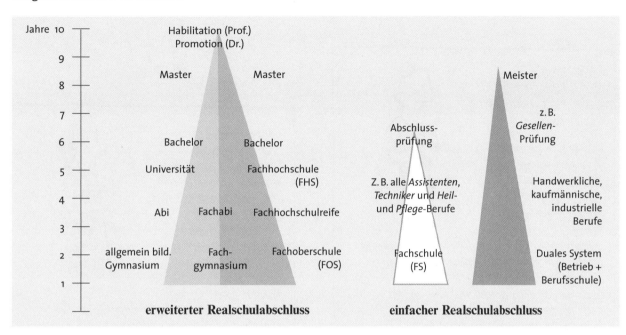

→ Versuche, mit eigenen Worten zu beschreiben, wie die obige Grafik gegliedert ist: Welche vier grundsätzlich unterschiedlichen Ausbildungswege gibt es? Was setzen sie voraus? Wodurch unterscheiden sie sich?

_____

_____

_____

_____

_____

→ Erkunde, welche Möglichkeiten es an deiner Schule und/oder in deiner Stadt gibt, um das allgemein bildende Abitur, das Fachabitur und die Fachhochschulreife zu erlangen.

_____

_____

_____

_____

→ Recherchiere (z. B. im Internet unter www.arbeitsagentur.de und dort unter _berufenet_) die Ausbildungswege folgender Berufe:
- Bankkauffrau/-mann
- Chemisch-technischer Assistent/-in
- Augenärztin/-arzt
- Physiotherapeut/-in
- Krankenschwester/-pfleger
- Chemieingenieur
- Staatsanwalt/-wältin
- Grundschullehrer/-in
- Chemiefacharbeiter/-in

VIER ERFUNDENE LEBENSLÄUFE

Der Junge auf dem Bild heißt Finn. Er hat vor einem Jahr einen guten Hauptschulabschluss gemacht, aber bisher kein Glück mit der Lehrstellensuche gehabt. Wie geht es mit ihm weiter?

Lebenslauf 1:
In X-Stadt, der Stadt, in der Finn wohnt, wird beschlossen, ein Ausbildungszentrum für arbeitslose Jugendliche zu finanzieren, in dem sie kostenlos eine Ausbildung machen können. Finn wird aufgenommen, macht dort eine dreijährige Lehre zum Bankkaufmann, weiß dann endlich, wofür er lernt und lebt, und beschließt, die Fachhochschulreife zu absolvieren und vielleicht sogar Betriebswirtschaft zu studieren.

Lebenslauf 2:
Finn trampt nach Spanien, schlägt sich mit „Mc-Jobs" durch, ist zwischendurch für ein halbes Jahr Bedienung in einem billigen Restaurant für deutsche Urlauber. Findet nach eineinhalb Jahren einen reichen Amerikaner, der ihn als Hilfskraft auf einer Yacht anheuert (mit Motoren kannte er sich schon immer gut aus). Nach zwei Jahren auf See zwischen Haiti, Genua und New York fängt er in den USA an, mit Gebrauchtwagen zu handeln.

Lebenslauf 3:
Die Arbeitslosigkeit zermürbt Finn völlig, er versteht keinen mehr. Er fängt an zu trinken. Keiner versteht ihn mehr. Nach weiteren neun Monaten werfen ihn seine Eltern aus dem Haus, er zieht eine Zeit lang von einer Wohngemeinschaft zur anderen. Sozialhilfe bekommt er nicht, da seine Eltern zum Unterhalt herangezogen werden. Bei der Heilsarmee und im Obdachlosenasyl ist er bekannt, vom Trinken kommt er nicht mehr weg.

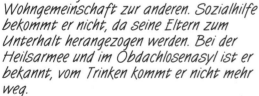

Lebenslauf 4:
Finn lernt andere arbeitslose Jugendliche kennen und befreundet sich mit einem von ihnen. Sie beschließen, eine Fahrradreparaturwerkstatt aufzumachen. Die Arbeitsloseninitiative einer Kirchengemeinde unterstützt sie. Viel Geld verdienen sie nicht, aber sie haben etwas zu tun. Finn fängt an, Artikel für die linke „Stadtzeitung" zu schreiben. Nach einiger Zeit erhält er den Auftrag, für den Funk eine Reportage über arbeitslose Jugendliche zu machen.

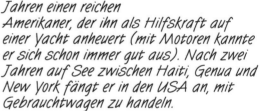

→ Welche dieser vier Möglichkeiten gefällt dir am besten, welche am wenigsten? Begründe deine Meinung schriftlich.

→ In welcher dieser vier Alternativen würdest du dich selbst am ehesten wiederfinden?

→ Entwirf zwei bis vier weitere mögliche Lebensläufe und kommentiere sie ebenfalls.

BERUFSORIENTIERUNG IN DER SCHULE

Das folgende Schaubild zeigt ein mögliches Berufsorientierungskonzept für die Sekundarstufe I:

7. Jahrgang	8. Jahrgang	9. Jahrgang	10. Jahrgang
Projekt: **Traumberufe** Herstellung einer Ton-Dia-Show (ca. 3 Tage)	UE: **Praktikumswahl** Beratungsangebote zu speziellen Fragen (8–10 Stunden)	**Berufsberatung** – Einzel- und Gruppengespräche – BIZ-Besuche – Elternabend „Was kommt nach der 10.?" – Reha-Berater zur Integration behinderter Schülerinnen und Schüler – Kennenlernen nachschulischer Institutionen	
	Projekt: **Vorbereitung des Betriebspraktikums** mit Betriebserkundung	Projekt: **Schule als Betrieb** – Print-Team – Café, Kiosk – Fahrradwerkstatt **Langzeitpraktikum** für behinderte Schülerinnen und Schüler 1 Tag pro Woche	

	Betriebspraktikum
	u.U. Assistenz für
	behinderte
	Schülerinnen und
	Schüler
	(3 Wochen)
		**Projekttage für
		Mädchen**
		Handwerkerinnenhaus
		„Ford"
		
		Simulation Berufswahl
		– Bewerbung
		– Eignungstest
		– Vorstellungsgespräch
		  (5 Tage)
			Projekt:
			„Was kommt nach 10.?"
			– 2. Betriebspraktikum
			  oder Hospitationen
			– gymnasiale Oberstufe
			– berufsbildende
			  Schulen

	Nachbereitung des Praktikums – Ausstellung o. Ä. – Einzel- und Gruppengespräche	Verschiedene Unterrichtsgänge zu Info-Märkten usw.	

(Nach: Praxishandbuch Berufsorientierung. Hrsg. von Carsten Kurreik. München, Geva-Institut GmbH, Gesellschaft für Verhaltensanalyse und Evaluation. 2000, S. 161)

➡ Stelle dir vor, du bist Schülervertreter an deiner Schule, ihr habt das oben skizzierte Projekt auf die Tagesordnung der Gesamtkonferenz gebracht und wollt jetzt eine positive Abstimmung erreichen. Arbeite eine kurze Rede aus, mit der du die Lehrer von eurem Konzept überzeugen willst.

➡ Welche Abweichungen, Änderungen, Kompromisse würdest du für möglich, für gerade noch erträglich, für wünschenswert halten?

SOZIALKUNDE

Berufswahl

SCHLÜSSELQUALIFIKATIONEN

➡️ Oben findest du einige Schlüsselqualifikationen, die oft in Stellenanzeigen auftauchen. Suche weitere, indem du in Gruppenarbeit die Stellenteile großer (möglichst überregionaler) Zeitungen und einer oder zwei Tageszeitungen deiner Region untersuchst, und fülle sie in das Bild oben ein.

➡️ Was heißt überhaupt *Schlüsselqualifikation*? Versuche den Begriff mit eigenen Worten zu erklären.

_____

_____

_____

_____

➡️ Suche dir eine der oben genannten bzw. von der ergänzten Schlüsselqualifikation aus, von der du meinst, dass du sie bereits etwas entwickelt hast und versuche dies zu „beweisen" – durch ein spannendes Referat, eine Collage, eine eigene Zeichnung, deinen Lebenslauf o. Ä.

_____

_____

_____

_____

_____

_____

_____

FRAGEN ZUM PRAKTIKUM

➡ Befasse dich mit diesen Fragen vor bzw. während des Praktikums. Beantworte **1.** und **2.** auf einem extra Blatt.

1. Fragen zu den Voraussetzungen und zur Tätigkeit:

1.1 Welche schulische Ausbildung wird in diesem Beruf vorausgesetzt?
1.2 Wie lange dauert die Ausbildung?
1.3 Welche Tätigkeiten sind hauptsächlich zu verrichten?
1.4 Welches sind die wichtigsten Arbeitsgeräte und Hilfsmittel, die in diesem Beruf benutzt werden?
1.5 Sind diese Arbeits- und Hilfsmittel für dich gesundheitlich unproblematisch (denke z. B. an Allergien)?
1.6 Welche Schulfächer sind für den Beruf besonders wichtig?
1.7 Welche Aufstiegsmöglichkeiten bietet der Beruf?
1.8 Welche technischen oder anderen Veränderungen bahnen sich an bzw. sind denkbar?
1.9 Wird die Zahl der benötigten Fachkräfte in diesem Beruf zu- oder abnehmen?
1.10 In welche Berufe kann man nach abgeschlossener Ausbildung ggf. verhältnismäßig leicht überwechseln?

2. Fragen zur Ausbildung:

2.1 In welchen Berufen wird in deinem Praktikumsbetrieb ausgebildet?
Unter welchen Bedingungen werden Azubis eingestellt im Hinblick auf:
2.2 – schulische Leistungen?
2.3 – Begabungen?
2.4 – Prüfung/Tests?

Sonstige Bedingungen:

2.5 Wie hoch ist die tarifliche Ausbildungsbeihilfe?
2.6 Wie hoch ist der Tariflohn nach Abschluss der Ausbildung?
2.7 Wie ist die tägliche Arbeitszeit geregelt?
2.8 Wie verteilt sich die Arbeitszeit auf die Woche?
2.9 Welche besonderen Bedingungen sind mit diesem Beruf verbunden?

➡ Welche der folgenden Einschätzungen zu deiner eigenen Person und deinen Erwartungen sind zutreffend?
Kreuze an und ergänze ggf.

☐ Ich will mich nicht überarbeiten und – soweit möglich – meinen Spaß an der Sache haben.

☐ Ich interessiere mich für den Beruf und will herausfinden, ob ich mit meiner Wahl richtig liege.

☐ Ich will vor mir selbst wissen, was ich kann, was ich ertrage, wie ich mich in bestimmten Situationen verhalte, wie ich auf andere Menschen wirke.

☐ Ich will wissen, wie ein Produkt hergestellt, ein Problem gelöst wird usw.

☐ Ich will begreifen, warum Menschen in besonderen Situationen und Organisationen ein spezifisches („unnormales") Verhalten zeigen, wie sie mit Arbeitsanforderungen fertig werden usw..

_____

_____

_____

_____

HILFEN ZUR NACHBEREITUNG DES PRAKTIKUMS

➜ Bitte denke über die folgenden Fragen nach und beantworte sie schriftlich auf einem extra Blatt:

1) Wie wurde erreicht, dass du durchgehend ziemlich sinnvoll beschäftigt wurdest?

2) Wer gab Anweisungen, Anleitungen, Informationen über deine Tätigkeit, über den „Betrieb"?

3) Inwiefern hast du dir selbstständig notwendige Kenntnisse verschafft?

4) Empfandest du Leerlauf, Langeweile, Hetze ...?

5) Inwieweit stellte die Bedienung von Werkzeug, Maschinen etc. Anforderungen an deine Körperkraft, Intelligenz, Ausdauer, Konzentration usw.?

6) Gab es besondere äußere Arbeitsbedingungen (Lärm, Hitze, Raumgestaltung ...)?

7) Welche Rolle spielte deiner Beobachtung nach deine eigene Tätigkeit (bzw. die von dir beobachtete Tätigkeit anderer) für den Arbeitsprozess insgesamt?

8) Wie werden die für den Arbeitsablauf nötigen Anweisungen vermittelt (persönliches Gespräch, Vortrag, Merkblätter etc.)?

9) Hast du für die von dir ausgeübte Tätigkeit Interesse und Bereitschaft zur Leistung empfunden? Wie kam diese Motivation (bzw. deren Gegenteil) zustande?

10) Jeder Arbeitsprozess steht unter dem ökonomischen Gesetz, mit möglichst geringem Aufwand den größtmöglichen Effekt zu erzielen. Hast du diesen Zwang erlebt? Wie (positiv oder negativ) wirkte er sich auf deine Tätigkeit bzw. auf das Betriebsklima aus?

11) Wer kontrollierte deine Tätigkeit? Wer kontrollierte die Arbeit der Mitarbeiter, die du beobachten konntest?

12) Welche automatisierten Formen der Kontrolle gab es (z. B. Erfassung von Anwesenheitszeiten, Qualitätskontrollen der Produkte usw.)?

13) Was passierte, wenn du einen Fehler gemacht hast?

14) Was geschah, wenn dies einem Mitarbeiter unterlief?

15) Gab es Formen der Mitarbeitermitbestimmung (z. B. einen Betriebsrat o. Ä.)?

16) Konntest du Informationen über die Entlohnung der Arbeit sammeln? Hältst du sie für angemessen? Begründe.

17) Was war dir außerdem wichtig?

HINWEISE ZUR ANFERTIGUNG DES PRAKTIKUMBERICHTS

→ Was der Bericht enthalten soll:

A. Schilderung des Betriebes
- Art des Betriebes (Rechtsform, Zugehörigkeit zu größeren Firmen, was wird produziert/verkauft?)
- Welcherart ist die Kundschaft (wer kauft das Produkt, nimmt die Dienstleistung in Anspruch usw.)?
- Anzahl der Mitarbeiter und Mitarbeiterinnen?
- Bildet der Betrieb aus, wenn ja, mit welchen Berufszielen?
- Wie ist der Betrieb organisiert? (ggf. schematische Skizze)
- Wie sind die Arbeitszeiten und Pausen? Schichtarbeit?
- Gibt es einen Betriebsrat?

B. Mitarbeiter
- Sind mehr Frauen oder Männer in dem Betrieb beschäftigt? (ggf. Grund erforschen)
- Überwiegende Vor- und Ausbildung (Akademiker? Gesellen, Meister? usw.)
- Altersstruktur (schätzen, keine Umfrage)?
- Art der Entlohnung (Achtung: Direkte Fragen nach der Höhe vermeiden!), z. B. festes Gehalt/Lohn, Stundenlohn, Akkord, Prämien, Stücklohn usw. oder auch Gewinnbeteiligung?

C. Eigene Eindrücke, betreffend:
- das Arbeitsklima und das menschliche Verhältnis der Mitarbeiter untereinander (z. B. Was passiert, wenn einer einen Fehler gemacht hat?)
- das Verhältnis der Mitarbeiter zu den Chefs bzw. der Firmenleitung usw. (z. B. Wie ändert sich das Verhalten der Mitarbeiter, wenn der Chef kommt bzw. geht?)

D. Schilderung der eigenen Tätigkeit
- Wie werde ich behandelt, wie werde ich angeleitet, wie kümmert man sich um mich?
- Wie selbständig kann ich arbeiten?
- Was geschieht, wenn ich einen Fehler gemacht habe?
- Welche Berufsbilder habe ich kennen gelernt?
- Welche Aufstiegschancen und welche Ausbildungschancen bietet der Betrieb?

E. Was hat das Praktikum für mich persönlich gebracht?
Dieser Teil ist der wichtigste – was aber nicht heißt, dass es auch der ausführlichste sein muss.
Hier sollst du deutlich machen, inwieweit ihr in der Lage seid, die gemachten Erfahrungen auch sinnvoll zu verarbeiten, zu strukturieren und zu formulieren.
Also bitte keine subjektiv-unreflektierten Bewertungen wie *super*, *megastark*, *ätzend* und dergleichen.

→ Wie beurteilst du diese Informationssammlung für die Anfertigung des Praktikumberichtes?
Was ist gut, was schlecht, was fehlt?

_____

_____

_____

_____

→ Die hier zusammengestellten Kriterien bilden zugleich die Grundlage für die Beurteilung deines Praktikumsberichts. Wie könnte das entsprechende Beurteilungsschema aussehen? Stelle einen Entwurf dafür zusammen und vergleiche anschließend mit der Musterlösung, die dir deine Lehrerin/dein Lehrer zur Verfügung stellt.

FIT FOR LIFE – SCHAFFT SCHULE DAS WIRKLICH?

Jetzt hast du dein Betriebspraktikum hinter dir, hast sicherlich viele Erfahrungen gesammelt, unterschiedliche Tätigkeiten ausgeübt oder zwischendurch auch Langeweile empfunden. Vielleicht hat es dir Spaß gemacht, einmal für einen kürzeren Zeitraum ohne Schule und doch nicht in den Ferien an einem anderen Ort zu verbringen. Vielleicht hast du aber auch das Schulleben vermisst und freust dich nunmehr neu auf die Schule (?). Vielleicht hast du gemerkt, dass du noch gar nicht richtig vorbereitet bist auf das Berufsleben. Oder aber du hast erfahren, dass du in der Schule andere Fähigkeiten und Fertigkeiten lernst, die du nicht direkt für den Beruf, sondern „fürs Leben" allgemein benötigst.

➡ Fülle die unten stehende Tabelle möglichst ehrlich aus und diskutiere mit deinen Mitschülerinnen und Mitschülern über deine/eure Erfahrungen.

Positive Erfahrungen	Negative Erfahrungen	Neutrale Erfahrungen

➡ Welche Schlüsselqualifikationen waren in deinem Betrieb bzw. sind für die von dir angestrebte Berufsrichtung besonders wichtig?

_____

_____

➡ Bereitet die Schule dich darauf vor? Wie?

_____

_____

_____

➡ Welche Veränderungen im schulischen Rahmen (z.B. Lerninhalte u.Ä.) erscheinen dir nach deiner berufspraktischen Erfahrung notwendig? Begründe.

_____

_____

TARIFAUTONOMIE UND STREIK

In dem Begriff stecken zwei Fremdworte: *Tarif* bedeutet in diesem Zusammenhang so viel wie *Lohnhöhe*; *Autonomie* heißt Selbstständigkeit.
Der Begriff Tarifautonomie bedeutet in der Bundesrepublik, dass Arbeitnehmer und Arbeitgeber grundsätzlich selbstständig (eben *autonom*) sind, die Lohn- und Arbeitsbedingungen miteinander auszuhandeln und keinerlei *dritte Institution* sich hier einmischen darf.

➡ Überlege, welche *dritten Institutionen* hier gemeint sein könnten.

_____

_____

_____

In der Bundesrepublik also treffen die Arbeitgeber (meistens in Gestalt von Vertretern des Arbeitgeberverbandes) und die Arbeitnehmer (meistens die Gewerkschaftsvertreter) aufeinander, um neue Tarife auszuhandeln. Scheitern diese Verhandlungen, kann es zum Streik der Arbeitnehmer kommen. Der Gesetzgeber hat hierfür eine Reihe von verbindlichen *Spielregeln* aufgestellt, die aus der folgenden Skizze ersichtlich sind:

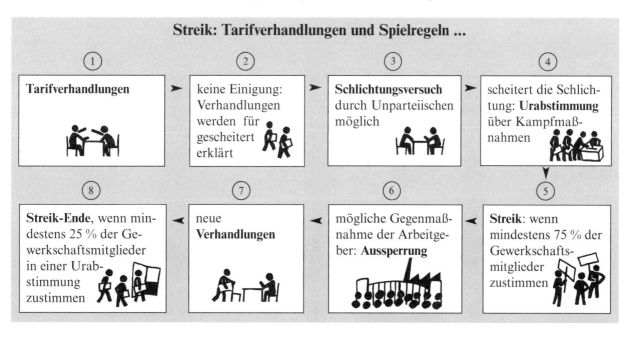

Streik: Tarifverhandlungen und Spielregeln ...

① **Tarifverhandlungen**

② keine Einigung: Verhandlungen werden für gescheitert erklärt

③ **Schlichtungsversuch** durch Unparteiischen möglich

④ scheitert die Schlichtung: **Urabstimmung** über Kampfmaßnahmen

⑧ **Streik-Ende**, wenn mindestens 25 % der Gewerkschaftsmitglieder in einer Urabstimmung zustimmen

⑦ neue **Verhandlungen**

⑥ mögliche Gegenmaßnahme der Arbeitgeber: **Aussperrung**

⑤ **Streik**: wenn mindestens 75 % der Gewerkschaftsmitglieder zustimmen

➡ Informiere dich zunächst über die genaue Bedeutung des Wortes *Streik*. Was unterscheidet z. B. einen Streik von einer Demonstration?

_____

_____

➡ Gib die Spielregeln in eigenen Worten auf einem extra Blatt wieder.

➡ Was fällt dir an diesen Regeln besonders auf? Warum hat wohl der Gesetzgeber diese Abläufe so genau bestimmt?

➡ *Wilde Streiks* sind in Deutschland grundsätzlich verboten. Überlege, was ein *wilder Streik* sein könnte und wie sich das Verbot begründet.

PRO UND KONTRA MINDESTLOHN

Große Spanne in der EU

Neun der 15 EU-Staaten kennen einen nationalen Mindestlohn. Die Spanne reicht von 357 Euro im Monat in Portugal bis 1.369 in Luxemburg. Andere Staaten setzen ein Limit pro Stunde: Einem Franzosen werden etwa 6,8 Euro garantiert, einem Briten 4,2 Pfund (rund drei Euro), so die Zahlen von Eurostat, der Statistikbehörde der Europäischen Union. Der Anteil der Vollzeitarbeitnehmer mit Min-destlöhnen variiert ebenfalls erheblich: In Spanien liegt er bei 0,9 Prozent, in Luxemburg bei 15,5.

Die Höhe des Lohnes legte der Staat mal in Eigenregie fest, mal nach Empfehlungen von Arbeitgebern und Gewerkschaften. Die Anpassung erfolgt meist automatisch entsprechend der jährlichen Inflationsrate. Einen Mindestlohn gibt es auch in den USA: Er beträgt 5,15 Dollar die Stunde. Und neun der zehn EU-Beitrittskandidaten bauen ebenfalls auf einen nationalen Mindeststandard.

(Weser-Kurier, 12.3.2004)

➜ Recherchiere im Internet (z. B. unter dgb.de) oder deinem Politik-/Sachkundebuch Informationen zu folgender Frage: Gibt es in der Bundesrepublik einen Mindestlohn? Wie und von wem wird er festgelegt?

_____

_____

_____

_____

_____

_____

➜ Sammle Argumente für und gegen einen gesetzlich festgelegten Mindestlohn. Schreibe anschließend einen eigenen Kommentar auf einem extra Blatt.

Pro Mindestlohn	Kontra Mindestlohn

UNSERE UNSOZIALE MARKTWIRTSCHAFT?

In dem Buch *Unsere unsoziale Marktwirtschaft* macht der Autor Hugo Müller-Vogg (Mitherausgeber der FAZ) folgende Vorschläge zur Wiederherstellung einer *wirklich sozialen Marktwirtschaft* (Vgl. linke Spalte, Nr. 1–7).

Vorschläge für eine wirklich soziale Marktwirtschaft	konkrete Beispiele	Probleme bei der Verwirklichung
① Abmagerungskur für den Staat		
② Lichtung des Steuer-Dschungels		
③ Versicherungspflicht statt Pflichtversicherung		
④ Arbeit statt Sozialhilfe		
⑤ Tariflohn als Mindestlohn		
⑥ Moderate Lohnpolitik		
⑦ Leistung muss sich lohnen		

(Nach: Müller-Vogg, Hugo: Unsere unsoziale Marktwirtschaft. Vom guten Modell zur traurigen Praxis. Köln (Kölner Universitätsverlag) 1998, passim)

➔ Setze die Tabelle mit deinen eigenen Vorschlägen für eine wirklich soziale Marktwirtschaft fort – einschließlich konkreter Beispiele und möglicher Probleme.

LEISTUNG MUSS SICH LOHNEN?

Leistung muss sich lohnen: Die Menschen sind, wie sie sind. Der Sozialismus ist mit der erhofften Schaffung eines neuen Menschen gescheitert. Dem Sozialstaat ist es ebenfalls nicht gelungen, den Durchschnitts-Menschen zu einem sozialen Wesen umzufunktionieren, das nur in den Kategorien Nächstenliebe und Solidarität denkt. Der wesentliche Antrieb für Leistung in der Arbeitswelt ist nicht, etwas für andere zu tun; der verlässlichste Motor ist der Eigennutz. Als Prämie für Mehr-Leistung wird in erster Linie mehr Geld angesehen oder die Beförderung auf eine Position, die höheres Einkommen und höheres Ansehen bedeutet. Deshalb war es verhängnisvoll, mit der Lohnpolitik Einkommensunterschiede abzubauen. Lange Zeit hatte die gewerkschaftliche Tarifpolitik im Zeichen der Umverteilung gestanden: von den Unternehmen zu den Arbeitnehmern, von den Besserverdienenden zu den Geringverdienenden. Die Abschaffung unterer Lohngruppen durch Zusammenfassung mit der nächsthöheren fällt ebenfalls in diese Kategorie. Alle diese tarifpolitischen Instrumente zielen auf mehr Gleichheit und verringern den Anreiz zu größerer Anstrengung.

(Müller-Vogg, Hugo: Unsere unsoziale Marktwirtschaft. Vom guten Modell zur traurigen Praxis. Köln (Kölner Universitätsverlag) 1998, S. 144f.)

➔ Angenommen, du arbeitest als *geringfügig Beschäftigter* auf Vierhundert-Euro-Basis. Schreibe einen Kommentar zu den Textaussagen.

_____

_____

_____

_____

_____

➔ „Der verlässlichste Motor ist der Eigennutz." – Schreibe ein Urteil auf der Grundlage deiner eigenen Erfahrungen.

_____

_____

_____

_____

_____

➔ Gibt es Gegentendenzen zur Argumentation Müller-Voggs? Kennst du Beispiele für uneigennütziges Verhalten? Trage sie zusammen.

_____

_____

_____

_____

_____

WIRTSCHAFTSSTANDORT DEUTSCHLAND

➡ Ordne die Aussagen auf den Schildern gesellschaftlichen Gruppen zu und begründe deine Zuordnung.

_____

_____

_____

_____

_____

_____

_____

_____

_____

_____

_____

_____

_____

_____

_____

➡ Stelle eine Tabelle auf, in der du aus deiner Sicht die Vor- und Nachteile der jeweiligen Forderung auflistest.

ARBEITEN DIE DEUTSCHEN ZU WENIG?

Seit Beginn des Jahres 2004 kocht in Deutschland eine Diskussion über die Verlängerung der wöchentlichen Regelarbeitszeit auf 40 und mehr Stunden hoch. Die Verlängerung soll dazu dienen, den Wirtschaftsstandort Deutschland wieder konkurrenzfähig zu machen und damit letztlich die Arbeitslosigkeit abzubauen. Dazu Auszüge eines Interviews mit Professor Spitzley vom Bremer Institut für Arbeit und Wirtschaft:

Frage: Längere Arbeitszeiten machen unsere Fabriken produktiver, sagen Unternehmer – und drohen andernfalls mit der Verlagerung von Arbeitsplätzen in Billiglohnzonen wie Osteuropa.
Spitzley: Die deutsche Wirtschaft ist international wettbewerbsfähig und erfolgreicher als Länder mit längeren Arbeitszeiten. Denn hierzulande wird besonders produktiv gearbeitet. Während die Arbeitsproduktivität in Großbritannien – dem Land mit den längsten Arbeitszeiten – mit 85,5 Euro je geleisteter Arbeitsstunde weit abgeschlagen auf einem der hintersten Plätze landet, schneidet Deutschland mit 106,8 Euro viel besser ab als der Durchschnitt. Wie produktiv und konkurrenzfähig hier gearbeitet werden kann, lässt

sich auch daran ablesen, dass Deutschland pro Kopf der Bevölkerung am meisten exportiert. (...)
Eine allgemeine Verlängerung der Arbeitszeiten wäre daher beschäftigungspolitisch fatal.
Frage: Warum?
Spitzley: Wenn in einem Unternehmen die Arbeitszeit von 35 auf 40 Stunden pro Woche angehoben wird, steigt auch die Personalkapazität um 15 Prozent. Da dem aber – bei der augenblicklichen Wirtschaftsflaute – kaum eine wachsende Nachfrage im gleichen Umfang gegenübersteht, wären rechnerisch plötzlich 15 Prozent des Personals zu viel an Bord. Mit anderen Worten: Jeder siebte Arbeitsplatz wäre in Gefahr.

(*Weser-Kurier*, 10.7.2004)

➡ Gib die beiden Hauptargumente Spitzleys mit eigenen Worten wieder:
Warum ist Deutschland international wettbewerbsfähig? Und warum bedeutet eine Verlängerung der Arbeitszeit keineswegs einen Abbau der Arbeitslosigkeit?

_____

_____

_____

_____

➡ Schreibe einen Kommentar zu Spitzleys Thesen aus der Sicht eines Unternehmers.

_____

_____

_____

_____

_____

_____

➡ Welche weiteren negativen Folgen hätte es für die deutsche Volkswirtschaft, wenn – wie Spitzley behauptet – durch Arbeitszeitverlängerung rund 15 Prozent aller Arbeitsplätze wegfallen würden?

DIE WIRTSCHAFTSSEKTOREN

Jede Volkswirtschaft lässt sich in drei Sektoren (d.h. Wirtschaftsbereiche) einteilen:
– Primärer Sektor: Landwirtschaft
– Sekundärer Sektor: Industrielle Produktion
– Tertiärer Sektor: Dienstleistungen

Die folgende Tabelle für die Jahre von 1950 bis 2000 zeigt die so genannte *Entstehungsrechnung* des Bruttoinlandsproduktes, gibt also Aufschluss darüber, in welchem Maße die drei Sektoren an der Erwirtschaftung des jährlichen materiellen Reichtums beteiligt waren. Die Zahlenangaben beziehen sich jeweils auf Milliarden Euro:

Wirtschaftssektoren	1950	1960	1970	1980	1990	2000
Primärer Sektor (Landwirtschaft)	5,11	9,04	11,14	15,59	19,42	22,34
Sekundärer Sektor (Industrieproduktion)	24,89	82,20	170,59	319,41	450,94	569,46
Tertiärer Sektor (Handel und Verkehr)	10,22	28,62	52,91	111,89	158,42	326,53
Tertiärer Sektor (Sonstige Dienstleistungen)	5,11	21,01	58,48	173,21	319,61	576,59

➡ Interpretiere schriftlich die Tabelle. Hierbei solltest du zunächst einmal den tertiären Sektor insgesamt betrachten. Achte bitte nicht nur auf die absoluten Zahlen, sondern insbesondere auch auf die Steigerungsraten.

_____

_____

_____

_____

_____

_____

_____

➡ Was lässt sich aus der Tabelle eindeutig erkennen? Welche Schlussfolgerungen ziehst du aus diesem Resultat?

_____

_____

_____

_____

➡ Erläutere, weshalb der tertiäre Sektor in der Tabelle noch einmal unterteilt wurde. Welche Schlussfolgerungen ziehst du aus deiner Erläuterung in Bezug auf Veränderungen auf dem Arbeitsmarkt?

STRUKTUR UNSERES ARBEITSMARKTES

Fachleute unterteilen den heutigen Arbeitsmarkt in der Bundesrepublik in insgesamt vier Bereiche:

Auf dem Weg zur Arbeit

1. Arbeitsmarkt:
Auf dem Ersten Arbeitsmarkt werden wettbewerbsfähige, betriebswirtschaftlich rentable Arbeitsplätze angeboten und nachgefragt. Dieser Arbeitsmarkt ist angesichts der in Deutschland geltenden arbeitsrechtlichen Bestimmungen wenig flexibel: Für die überwiegende Zahl der Arbeiter und Angestellten führen die Tarifvertragsparteien (Arbeitgeber bzw. Arbeitgeberverbände einerseits und Gewerkschaften andererseits) Verhandlungen mit dem Ziel, allgemein gültige Tarifverträge abzuschließen, in denen insbesondere die Höhe der Löhne und Gehälter einheitlich für alle Unternehmen einer Branche in einer Region festgelegt werden (Flächentarifverträge).

2. Arbeitsmarkt
Hier arbeiten geringfügig Beschäftigte, die im Monat höchstens 400 Euro verdienen dürfen – in der Regel in einfachen Tätigkeiten im Bereich Produktion und Dienstleistungen. Dieser Markt wird immer größer.

3. Arbeitsmarkt
Hier handelt es sich um einen staatlich regulierten Arbeitsmarkt, auf dem aus öffentlichen Mitteln subventionierte Arbeitsplätze angeboten werden – die so genannten ABM-Stellen (ABM = Arbeitsbeschaffungsmaßnahmen). ABM-Stellen werden auf Zeit besetzt (im Regelfall für höchstens ein Jahr), Lohn bzw. Gehalt für die ABM-Kräfte wird nicht von der Firma, bei der sie angestellt sind, sondern von der Bundesagentur für Arbeit gezahlt.

4. Der Schwarzmarkt
Schließlich existiert ein illegaler – offensichtlich wachsender – „schwarzer" Arbeitsmarkt, auf welchem ohne rechtliche und vertragliche Grundlage und unter Umgehung der Sozialversicherungs- und Steuerpflicht Arbeitsleistungen angeboten und nachgefragt werden. Fachleute schätzen die Wertschöpfung auf diesem Schwarzmarkt auf jährlich etwa 400 Milliarden Euro.

➡ Untersuche die Stellenanzeigen in der Samstagsausgabe eurer Zeitung und ordne jedem der vier Arbeitsmärkte jeweils zwei bis drei Anzeigen zu. Notiere sie auf ein extra Blatt und begründe deine Auswahl und Zuordnung schriftlich.

➡ Fertige eine Tabelle an, in der du aus deiner Sicht die Vor- und Nachteile des Dritten Arbeitsmarktes notierst.

➡ Was bedeutet die Zahl von 400 Milliarden Euro jährlicher Wertschöpfung auf dem Schwarzmarkt für unsere Gesellschaft und Wirtschaft? Was könnte getan werden, um den „schwarzen" Arbeitsmarkt langfristig abzubauen?

_____

_____

_____

_____

_____

_____

_____

SCHEINSELBSTSTÄNDIGKEIT

Das Problem der Scheinselbstständigkeit wurde erst Ende der 1990er Jahre sichtbar, als insbesondere im Baugewerbe Unternehmen dazu übergingen, Arbeitskräfte als formal selbstständige Subunternehmer zu beschäftigen. Die Vorteile für das Unternehmen liegen auf der Hand: Es gibt weder Tarifverträge noch irgendeinen Kündigungsschutz, da der einzelne Subuntennehmer ja rechtlich ein frei verhandelbares Einkommen aus selbstständiger Tätigkeit bezieht. Auch die ansonsten von Arbeitgeber und Beschäftigtem je zur Hälfte zu zahlenden Zwangsabgaben für die Arbeitslosen-, Kranken- und Rentenversicherungen (die so genannten Lohnnebenkosten) fallen weg. Auf der anderen Seite haben diese Subunternehmer keinerlei gesetzliche soziale Absicherung, und keinerlei Schutz für den Fall von Krankheit, Invalidität usw. und keine Altersversorgung.

➡ Stelle in der folgenden Tabelle die rechtlichen und die tatsächlichen Unterschiede zwischen einem angestellten (also abhängig beschäftigten) Maurer und einem selbstständigen Ein-Mann-Maurer-Unternehmen dar:

	Angestellter Maurer	Ein-Mann-Maurer-Unternehmen
Rechtliche Unterschiede		
Tatsächliche Unterschiede		

➡ Welche Gründe könnten aus der Sicht der Scheinsselbstständigen selbst *für* die Annahme so einer Tätigkeit sprechen?

_____

_____

_____

_____

_____

➡ 1999 ist das *Gesetz gegen Scheinselbstständigkeit* verabschiedet worden. Nach welchen Kriterien wird Scheinselbstständigkeit definiert? Erläutere schriftlich. Du kannst anschließend deinen Kriterienkatalog mit dem von deiner Lehrerin/deinem Lehrer zur Verfügung gestellten abgleichen.

_____

_____

_____

_____

FRAUEN – GEWINNERINNEN DES GLOBALISIERTEN ARBEITSMARKTS?

Aus einem Interview mit Ingrid Kurz-Scherf, Professorin am Institut für Politikwissenschaft an der Universität Marburg:

Frage: Es heißt, Frauen seien die Gewinnerinnen der Globalisierung, weil Arbeitsplätze vor allem im Dienstleistungssektor – einer klassischen Frauendomäne – entstehen, während die Männerarbeitsplätze in der Industrie wegrationalisiert werden. Stimmt das?

Kurz-Scherf: Der Wegfall von Industriearbeitsplätzen ist eine Entwicklung, die wir schon seit Jahrzehnten beobachten können. Aber ich denke, dass Männer verstärkt in den so genannten Dienstleistungsberufen Beschäftigung finden werden.

Frage: Was bedeutet das für die Chancen von Frauen in diesem Sektor?

Kurz-Scherf: Ich habe den Eindruck, dass sich in diesen Dienstleistungsbereichen auch wieder eine geschlechtsspezifische Arbeitsteilung durchsetzt: Die Frauen verrichten vorrangig sorgende und betreuende Tätigkeiten, während Männer in den unternehmensbezogenen Dienstleistungen tätig sind. Es scheint so, dass sich auch in diesem Bereich eine geschlechtsspezifisch gebaute Hierarchie herstellt: Die von Frauen ausgeübten Tätigkeiten werden im Durchschnitt niedriger bezahlt als die überwiegend von Männern ausgeübten Tätigkeiten. Auf der anderen Seite kann man aber auch feststellen, dass sich die klassische Trennung zwischen Männerarbeit und Frauenarbeit im Fluss befindet. Aber ich befürchte, im Moment ist die überwiegende Tendenz, dass sich die alten Hierarchien in neuen Formen herstellen.

Frage: Woran liegt das?

Kurz-Scherf: Das liegt zum einen daran, dass wir nach wie vor in einer Gesellschaft leben, in der alles, was mit *weiblich* etikettiert wird, eher weniger gesellschaftliche Wertschätzung erfährt. Es liegt aber auch daran, dass diese geschlechtsspezifischen Werthierarchien sich überlagern mit dem, was man ziemlich banal Kapitalismus nennen kann. In diesem System erfährt alles, woraus man keinen Profit schlagen kann, keine besondere Anerkennung. (...)

(*Weser-Kurier*, 25.6.2004)

➔ Wie kommt die Interviewerin zu der These, dass Frauen die Gewinner der Globalisierung sein könnten? Erläutere in eigenen Worten und finde Beispiele für die skizzierte Entwicklung.

_____

_____

_____

_____

_____

_____

_____

➔ Löse eine der beiden folgenden Aufgaben auf einem extra Blatt:
  – Was ist die „klassische Trennung zwischen Männer- und Frauenarbeit"? Warum befindet sich diese „im Fluss"? Warum wird dies nach Meinung von Professorin Kurz-Scherf dennoch nicht zur Gleichberechtigung führen? – Bitte argumentiere schriftlich in eigenen Worten.
  – Schreibe einen Kommentar zu den im letzten Ansatz geäußerten Ansichten von Professorin Kurz-Scherf.

STANDORT DEUTSCHLAND –
INTERNATIONAL WETTBEWERBSFÄHIG?

Wann ist ein Standort international wettbewerbsfähig? Diese Frage lässt sich grundsätzlich sehr einfach beantworten: Ein Standort wie z. B. Deutschland ist dann international wettbewerbsfähig, wenn die hergestellten Produkte und Dienstleistungen in der Qualität und im Preisniveau im internationalen Vergleich überdurchschnittlich gut abschneiden.
Bleibt aber die Frage, wie dieses Ziel zu erreichen ist.

Dr. Manfred Genz (1998 Mitglied des Vorstands der damaligen Daimler-Benz AG) sieht folgende Vor- und Nachteile des Standorts Deutschland:

Standortvorteile	Standortnachteile
⃝ Intensive Forschung und Entwicklung	⃝ Bürokratische Überregulierung
⃝ Qualifikation und Produktivität der Arbeitskräfte	⃝ Undurchsichtigkeit des Steuersystems und hohe Steuersätze
⃝ Differenziertes Bildungssystem	⃝ Unzureichende Flexibilität des Arbeitsmarktes
⃝ Sehr gute Infrastruktur	⃝ *Weltmeister* bei den Arbeitskosten
⃝ Sichere Rechtsordnung	⃝ Hohe Ansprüche und Erwartungen, verbreitetes *Besitzstandsdenken*
⃝ Funktionierende und berechenbare Verwaltung	⃝ Soziales Netz sehr teuer
⃝ Stabilität	⃝ Politische Reformmüdigkeit
⃝ Sozialer Friede	
⃝ Mix aus Großunternehmen sowie klein- und mittelständischen Firmen	
⃝ Geografische Lage	

(Genz, Manfred: Wertorientierte Unternehmensführung. In: Eigentum und Eigentümer im Zeitalter globaler Märkte und Finanzströme. Veröffentl. der Walter-Raymond-Stiftung, Bd. 38. Köln (Wirtschaftverlag Bachem) 1998, S. 86ff.)

➡ Erläutere auf einem extra Blatt in eigenen Worten jeweils ausführlich jeden der aufgeführten Standortvor- und nachteile.

➡ Nimm – am besten durch Rangvorgabe innerhalb der Tabelle – eine Gewichtung vor. Was ist deiner Meinung nach der wichtigste deutsche Standortvorteil, was der wichtigste Standortnachteil?

➡ Entwickle Vorschläge, wer was tun könnte, um den Hauptvorteil noch zu verstärken und den Hauptnachteil abzuschwächen.

_____

_____

_____

_____

_____

AUSBILDUNG UND ARBEIT IN GANZ EUROPA?

Ein Beispiel: Auf dem Gipfel in Nizza 2001 haben die Bildungspolitiker aller (damals) 15 EU-Nationen beschlossen, bis spätestens 2009 sämtliche Studiengänge einheitlich und ausschließlich nur noch mit dem Bachelor- und dem Masterabschluss zu ermöglichen; alle anderen nationalen akademischen Abschlüsse (in Deutschland Magister, Diplom und Staatsexamen) wird es dann nicht mehr geben. Diese neuen Abschlüsse sind ebenso europaweit anerkannt wie die für sie zu erbringenden Leistungen. Man kann also in Zukunft während des Studiums (relativ) problemlos innerhalb der gesamten EU die Universität wechseln und nach abgeschlossener Ausbildung seinen Beruf überall in der EU ausüben.

Diese EU-weite Anerkennung gilt grundsätzlich auch für alle anderen Berufe, also auch ein Bankkaufmann oder eine medizinisch-technische Assistentin können sowohl die Ausbildung als auch den späteren Arbeitsplatz im (europäischen) Ausland ansteuern.

➡ Was hältst du persönlich von dieser Möglichkeit der europaweiten Ausbildung? Welche Vor- und welche Nachteile siehst du?

_____

_____

_____

_____

➡ Wie groß schätzt du die Bereitschaft der Europäer ein, Ausbildung und Arbeitsplatz im europäischen Ausland anzustreben? Begründe deine Meinung bitte schriftlich.

_____

_____

_____

_____

➡ Könntest du dir für dich selbst eine spätere Ausbildung und/oder Arbeit im Ausland vorstellen? Erläutere knapp die Vor- und Nachteile.

_____

_____

_____

➡ Welche Konsequenzen für den europäischen Gesamtarbeitsmarkt siehst du?

_____

_____

_____

SOZIALKUNDE

Arbeitsmarkt und Strukturwandel

WELCHE GRUNDSÄTZLICHE BEDEUTUNG HAT DIE ARBEIT FÜR DEN MENSCHEN?

Der Mensch soll sich die Erde Untertan machen, soll sie beherrschen, da er als *Abbild Gottes* eine Person ist, das heißt ein subjekthaftes Wesen, das imstande ist, auf geordnete und überlegte Weise zu handeln, fähig, über sich zu entscheiden, und auf Selbstverwirklichung ausgerichtet. Als Person ist der Mensch daher Subjekt der Arbeit. (...)

Die erste Grundlage für den Wert der Arbeit ist der Mensch selbst ist, ihr Subjekt. Damit verknüpft sich sogleich eine sehr wichtige Schlussfolgerung ethischer Natur. So wahr es ist, dass der Mensch zur Arbeit bestimmt und berufen ist, so ist doch in erster Linie die Arbeit für den Menschen da und nicht der Mensch für die Arbeit. (...)

Maßstab für jedwede Arbeit ist die Würde ihres Subjekts, das ist die Person des Menschen, der sie verrichtet. (...) Ziel der Arbeit, und zwar jedweder Arbeit, mögen es höchstbedeutsame Dienste sein oder völlig eintönige oder nach der öffentlichen Meinung auf die niederste gesellschaftliche Schicht herabdrückende Schmutzarbeit, bleibt letztendlich doch immer der Mensch selbst.

(Aus: Papst Johannes Paul II.: Enzyklika Laborem exercens, zitiert nach: http://www.vatican.va/edocs/DEU0075/_INDEX.HTM)

➡ Formuliere in eigenen Worten, welche Bedeutung Papst Johannes Paul II. der menschlichen Arbeit zumisst.

➡ Wie beurteilst du aus deiner Sicht die Aussage des letzten Absatzes?

➡ „Leben wir, um zu arbeiten" oder „arbeiten wir, um zu leben"? – Was macht deiner Meinung nach den Unterschied dieser beiden Sinnsprüche aus? Welchem von beiden stimmst du eher zu?

➡ Nach Karl Marx tritt der Mensch durch seine Arbeit in einen *Stoffwechsel mit der Natur*. Was meinst du zu dieser Formulierung? Erläutere auf einem extra Blatt.

ARBEITSLOSIGKEIT:
Seelische und psychologische Folgen

Der Arbeitsplatz ist in unserer Erwerbsgesellschaft stets mehr als nur bloße Erwerbsquelle gewesen; er hat auch immer erheblich zur individuellen Identitätsbildung – zur Stärkung des eigenen Selbstbewusstseins wie zu Einordnung der eigenen Position im Sozialgefüge – beigetragen. Wirtschaftssoziologen unterscheiden deshalb nicht weniger als zehn (!) negative Folgen der Arbeitslosigkeit:

Volkswirtschaftliche Folgen:

1) Verschwendung produktiver Kräfte
2) Zunahme der Belastungen durch erhöhte staatliche Ausgaben
3) Die Abnahme des Spielraums sozialstaatlicher Regelungen

Individuelle Folgen:

4) Freiheitsverlust und soziale Ausgrenzung
5) Verlust von Fertigkeiten
6) Psychische Schäden
7) Stark erhöhtes Krankheits- und Sterblichkeitsrisiko
8) Motivationsverlust
9) Verlust menschlicher Beziehungen und des Familienlebens
10) Verlust sozialer Werte und Verantwortung

➡ Erläutere mit eigenen Worten ausführlich auf einem extra Blatt die zehn Stichworte zu den Folgen der Arbeitslosigkeit.

_____

_____

_____

_____

_____

_____

_____

_____

_____

_____

_____

_____

_____

_____

_____

_____

➡ Versuche, ob du ein Interview oder ein Gespräch mit jemandem, die/der arbeitslos ist oder es einmal gewesen ist, führen kannst. Lege ihr/ihm die zehn Stichworte und deinen eigenen Erläuterungen dazu vor und frage sie/ihn, ob er/sie deine Ansichten teilt oder nicht bzw. welche Erfahrungen die Zeit der Arbeitslosigkeit bei ihm/ihr hinterlassen hat.

SOZIALKUNDE

„Die Arbeit los sein"

URSACHEN VON ARBEITSLOSIGKEIT

Es gibt vier verschiedene Ursachen bzw. Arten von Arbeitslosigkeit:

1. *Die friktionale oder Reibungsarbeitslosigkeit:* In einer freien Markwirtschaft wird es zu einem gegebenen Zeitpunkt immer eine Anzahl von Menschen geben, die gerade auf Jobsuche sind – z.B. weil sie sich verbessern, den Beruf wechseln oder den Wohnort ändern wollen.

2. *Die saisonale Arbeitslosigkeit:* Sie betrifft nicht alle Berufe, sondern schwerpunktmäßig diejenigen, deren Ausübung von der Jahreszeit abhängig ist.

3. *Die konjunkturelle Arbeitslosigkeit:* In Zeiten einer Wirtschaftsflaute, wenn die Kon-sumenten weniger kaufen und daher die Auftragslage sich verschlechtert, werden Ar-beitskräfte entlassen.

4. *Die strukturelle Arbeitslosigkeit:* Arbeitslosigkeit, die entsteht, weil ganze Berufs-zweige und/oder Tätigkeitsfelder verschwinden – z.B. durch die technologische Entwicklung.

➡ Welche der vier Arten von Arbeitslosigkeit ist die bedrohlichste? Begründe schriftlich auf einem extra Blatt.

➡ Ordne die folgenden Beispiele in der Tabelle einer der vier Arten von Arbeitslosigkeit zu.

Einem Skilehrer wird Anfang Mai gekündigt.	
Die Sekretärinnen der Staatsanwaltschaft in einer Stadt werden gekündigt, weil alle Staatsanwälte neue Computer mit Spracherkennungsprogrammen bekommen haben.	
Herbert K. kündigt seine Arbeitsstelle in Bremen, weil seine Frau in Würzburg eine besser bezahlte Stelle angetreten hat.	
Die Erntehelfer, die während der Weinlese in Süddeutschland gearbeitet haben, gehen Anfang Dezember zurück in ihre Heimat.	
Herta L. – Facharbeiterin bei VW – wird wegen der schlechten Auftragslage gekündigt.	
Alle Werftarbeiter bei Meier-Weserstahl verlieren ihren Job, da die Werft wegen der billigeren Konkurrenz aus Südostasien schließt.	
Franz A. wird seinen Job als Bautischler los, weil zurzeit nur wenig Häuser gebaut werden.	
In der Druckerei Müller verlieren die letzten drei Bleisetzer ihren Job, weil die Firma komplett auf Computerdruck umsteigt.	
Der Bergmann Louis M. hat die Arbeit untertage satt und sucht einen neuen Job als LKW-Fahrer.	
Der Straßenbauer Hubert B. kann im Januar nicht arbeiten, weil es „Stein und Bein" friert.	
Der Bankkauffrau Hiltrud C. wird gekündigt, weil aufgrund der Entwicklung des Internet-Banking ihr Arbeitsplatz überflüssig geworden ist.	
Der Sportartikelfachverkäufer Gottfried D. verliert seinen Job, weil die Deutschen zur Zeit lieber sparen als teure Sportartikel zu kaufen.	
Die Arzthelferin Martina R. kündigt, weil sie ihrem Mann in eine andere Stadt nachfolgen will.	
Der Getränkelieferant Fritz G. wird arbeitslos, weil es aufgrund der vielen Getränkeabholmärkte keinen Bedarf mehr für die Getränkelieferung nach Hause gibt.	
Die Reiseverkehrskauffrau Trude S. muss gehen, weil es im Fernreisegeschäft zurzeit kaum eine Nachfrage gibt.	

VORSCHLÄGE ZUR VERRINGERUNG DER ARBEITSLOSIGKEIT (I)

➡ Vervollständige die Tabelle.

Vorgeschlagene Maßnahme	Vorteile	Nachteile
Teilzeitbeschäftigung		
Job-Sharing (zwei Personen teilen sich einen Arbeitsplatz)		
Abbau der tariflichen Wochenarbeitszeit		
Verlängerung des Jahresurlaubs		
Verkürzung der Lebensarbeitszeit		
„Frauen gehören an den häuslichen Herd."		
Eigene Ideen:		

VORSCHLÄGE ZUR VERRINGERUNG DER ARBEITSLOSIGKEIT (II)

Der frühere Wirtschaftsexperte der CDU, Jürgen Todenhöfer, hat u. a. folgenden Vorschlag zur Verringerung der Arbeitslosenzahlen formuliert:

Die Arbeitszeiten müssen verlängert werden. Durch die Verkürzung der Wochen- und Lebensarbeitszeit wurden dringend benötigte Qualifikationen künstlich verknappt, die Stundenkosten für die Arbeit auf ein internationales Rekordniveau getrieben. Die Folge waren nicht mehr Arbeitsplätze, sondern die dramatische Verschlechterung der internationalen Wettbe-werbssituation und die Vernichtung von Arbeitsplätzen.

(*DIE ZEIT*, 5.9.2002)

→ Der Vorschlag erscheint auf den ersten Blick widersinnig, denn wie könnte die Verlängerung der Arbeitszeiten Deutschland zusätzliche Arbeitsplätze schaffen? Überlege und begründe, weshalb dieser Widerspruch nur ein scheinbarer ist, was also Todenhöfer mit seinem Vorschlag zu erreichen erhofft.

_____

_____

_____

_____

_____

→ Welche der vier Formen der Arbeitslosigkeit würde durch Todenhöfers Vorschlag in erster Linie bekämpft (vgl. S. 77)? Begründe.

_____

_____

_____

→ Fallen dir Gegenargumente ein? Du kannst z. B. im Internet auf der Homepage des Deutschen Gewerkschaftsbundes recherchieren (www.dgb.de).

_____

_____

_____

_____

ERFOLGSMODELL GROSSBRITANNIEN?

> Kein anderes europäisches Land baute so wie Großbritannien rigoros Sozialstandards ab, senkte Löhne, entmachtete die Gewerkschaften. Heute loben Ökonomen, dass Handlangerarbeiten in Schottland oder Wales nicht mehr teurer seien als in Korea.
>
> Kein Gesetz verpflichtet Unternehmer mehr, Mindestlöhne zu zahlen, Kündigungsfristen schrumpfen auf wenige Tage, bis vor einem Jahr war nicht einmal die Wochenarbeitszeit beschränkt. Jeder dritte Brite muss auch nachts arbeiten, fast jeder Zweite ist auch am Wochenende im Betrieb. Ganze Branchen sind gewerkschaftsfreie Zonen, Arbeitgeber handeln die Arbeitsverträge aus: „Hier gibt es zwei Haltungen zu Gewerkschaften", sagt Ian Brinkley vom Gewerkschaftsdachverband Trade Union Congress: „Die eine Hälfte hält uns für schädlich, die andere für irrelevant (unwichtig)."
>
> Das Ergebnis der Radikalkur: Die Arbeitslosenzahlen schrumpften, die Investitionen legten zu. Doch der Preis des Jobwunders ist für viele Engländer sehr hoch. Zu Zehntausenden ersetzten die Firmen gut bezahlte Angestellte durch Zeitarbeiter, die sie jederzeit feuern können. Über zwei Drittel der seit 1993 geschaffenen Stellen sind Teilzeitjobs.
>
> Doch das ist nur die eine Seite des britischen Booms. Liberalisierung und Deregulierung schufen neue, wettbewerbsfähige Unternehmen, London baute seine Position als europäisches Zentrum des Geldgewerbes aus und in jungen Branchen wie der Biotechnologie herrscht Gründungsfieber.

(*Der Spiegel*, Nr. 17/1997)

→ Stelle dir vor, in einer politischen Talkshow entwickelt sich ein Streitgespräch über das *englische Modell*.
An diesem Gespräch nehmen teil:
  A) der Bundeskanzler,
  B) ein Vertreter des Arbeitgeberverbandes,
  C) ein Vertreter des Gewerkschaftsbundes,
  D) ein Unternehmensberater einer international erfolgreichen Firma,
  E) ein *Zeitarbeiter* im Sinne des Textes,
  F) ein soeben arbeitslos gewordener, ehemaliger Festangestellter,
  G) eine Hausfrau, Mutter von drei kleinen Kindern,
  H) ein Vertreter der deutschen Bundesbank.

Erfinde Teile dieses Streitgespräches und verfasse ein erfundenes Gesprächsprotokoll.

→ Was hältst du selbst von diesem *englischen Modell*?

_____

_____

_____

_____

_____

_____

_____

_____

_____

_____

_____

ARBEITSLOSIGKEIT: VON MENSCHEN GEMACHT?

Professor Thomas Straubhaar ist anerkannter Wissenschaftler und Präsident des Hamburger Weltwirtschaftsarchivs. Er vertritt die These, dass es grundsätzlich in Deutschland viel mehr Beschäftigung gibt, als wir alle zusammen erledigen können. Die Grundlage des folgenden Textes bilden Auszüge aus einem Interview mit Professor Straubhaar:

In den USA werden Menschen zum Beispiel zur Pflege der Grünanlagen eingesetzt, in Parkhäusern oder auf Parkplätzen halten Menschen Aufsicht. Bei uns ist das alles vollautomatisiert, denn die Arbeit ist zu teuer. Es gibt keine Zugbegleitung in den U-Bahnen mehr. Wir haben Fahrkarten- und Geldautomaten, wo früher Menschen gearbeitet haben. (…)
Im Dienstleistungssektor können wir eine große Zahl von Beschäftigungsverhältnissen schaffen. Dabei geht es vor allem um arbeitsintensive Dienstleistungen. Eine alternde Gesellschaft braucht unendlich viele Hände niedrig qualifizierter Art für Tätigkeiten, die unmöglich automatisiert werden können. Alte Menschen brauchen ein immenses Maß an menschlicher Zuneigung, die mit Qualifikationen im Grunde überhaupt nichts zu tun haben. (…) Dafür muss man nicht studiert haben. Das kann jeder Mensch.

(*Weser-Kurier*, 11.6.2004)

➡ Was meint Professor Straubhaar mit *arbeitsintensiven Dienstleistungen*? Stelle eine Liste auf.

➡ Beschreibe mit eigenen Worten die Grundidee, die Straubhaar hier entwickelt, und formuliere auch die Probleme, die du bei der Realisierung seiner Ideen siehst.

➡ Eine kritische Nachfrage des Interviewers zu Straubhaars Vorschlägen bezüglich der Pflege alter Menschen lautete: „Aber muss uns nicht gerade diese Arbeit so wichtig sein, dass Menschen auch ordentlich dafür bezahlt werden?" Nimm auf der Blattrückseite zu dieser Frage Stellung.

EIN BERUF REICHT NICHT MEHR

In einem Interview (Weser-Kurier, 16.06.2004) skizzierte der Sozialwissenschaftler Peter Ludes – seit 2002 Professor an der International University Bremen (IUB) – Zukunftsszenarien unserer Gesellschaft.
So sagte er u.a., dass es viele Menschen geben werde, die in ihrem Leben verschiedene Berufe ausüben und nicht mehr jahrelang im selben Betrieb arbeiten würden: „Ein Beruf reicht nicht mehr." Insgesamt würde die Entfremdung von der Arbeit zunehmen. Ferner ging er davon aus, dass nicht alle Menschen von ihrer Arbeit leben könnten, dass die Menschen weniger Erwerbsarbeit leisten, dafür aber andere unbezahlte Dinge tun würden.

➡ Welche Chancen, welche Probleme ergeben sich deiner Auffassung nach ganz allgemein aus diesen Perspektiven?

_____

_____

_____

_____

_____

_____

➡ Was bedeutet ein solches Szenario „Ein Beruf reicht nicht mehr" für dich persönlich?

_____

_____

_____

_____

_____

➡ Wie sieht es in deinem Umkreis aus (Eltern, Verwandte, Freunde)? Starte eine Blitzumfrage, um herauszufinden, ob es in deinem Umfeld auch solche Patchwork-Karrieren gibt (und aus welchen Gründen).

_____

_____

_____

KONTUREN KÜNFTIGER ARBEIT

Unsere *Arbeitsgesellschaft* befindet sich mitten im Wandel – das, was für eure Mütter und Väter noch als selbstverständlich galt, wird es in Zukunft nicht mehr uneingeschränkt geben. Fachleute rechnen damit, dass sich folgende Trends durchsetzen werden:

– Feste Strukturen in Produktion und Verwaltung werden ersetzt durch Teamarbeit.
– Erwerbsarbeit ist nicht mehr ortsgebunden, sondern kann an wechselnden Orten, unterwegs und zu Hause erledigt werden.
– Stabile und sichere *Normalarbeitsverhältnisse* gehören der Vergangenheit an, Erwerbsarbeit wird unterbrochen von Phasen der Arbeitslosigkeit, Weiterbildung und/oder Umschulung.
– Da unser Sozialstaat aber eben auf den Prinzipien von Vollbeschäftigung und Normalarbeitsverhältnis beruht, muss er grundlegend in Richtung auf mehr Eigenvorsorge umgestaltet werden.
– Die Mikroelektronik wird weiterhin flächendeckend eingeführt. Moderne Arbeitsplätze sind über Multimedia vernetzt; Erwerbsarbeit ist weithin *Arbeit in Netzen*.
– Einfache und immer gleichförmige Arbeitsabläufe werden von Automaten übernommen. Auch einfachere Entscheidungs- und Kontrolltätigkeiten (vor allem des mittleren Managements) werden von Programmen und lernfähigen Automaten übernommen.
– Flexible Arbeitszeitmodelle werden zum Standard.
– Wissen, Erfindungskraft und Flexibilität rücken in den Vordergrund.

➡ Recherchiere mehrere Samstage im Stellenanzeigenteil eurer Zeitung: Welche der oben angegebenen Tendenzen findest du in den Ausschreibungen bzw. Beschreibungen der Tätigkeitsgebiete und Anforderungen wieder? Stelle eine genaue Liste zusammen.

➡ Was erwartest du: Welche persönlichen Konsequenzen werden diese Tendenzen für dein eigenes, späteres Berufsleben haben? Entwirf ein Szenario deines beruflichen Lebenslaufes.

_____
_____
_____
_____
_____
_____
_____
_____
_____
_____
_____
_____
_____
_____

SOZIALKUNDE

Die Zukunft der Arbeitsgesellschaft

DIE ARBEIT ANDERS VERTEILEN

Es gibt eine ganze Reihe von teils recht abenteuerlichen Vorschlägen, wie man die in unserer Gesellschaft *vorhandene* – oder besser: zu erledigende – Arbeit neu und grundsätzlich anders verteilen könnte.
Eines von vielen Modellen stellt die folgende *Kleeblattlösung* dar:

Ein Drittel der Arbeitswoche wird regulär (für ein Drittel des früheren Lohnes) gearbeitet.

Ein Drittel der Woche wird unbezahlt in Gemeinschaftsprojekten oder in der Nachbarschaftshilfe gearbeitet.

Ein Drittel der Woche steht beliebigen Eigenaktivitäten zur Verfügung.

➡ Trage alle dir einfallenden Vor- und Nachteile dieser Lösung zusammen.

Vorteile	Nachteile

➡ Schreibe ein kurzes Szenario in Tagebuchform, wie dein ganz persönlicher Arbeitstag aussehen könnte, wenn diese *Kleeblattlösung* Wirklichkeit würde. Vervollständige anschließend die obige Tabelle.

➡ Formuliere abschließend ein eigenes Urteil zur *Kleeblattlösung*.

ZUKÜNFTIGE ENTWICKLUNGEN AUF DEM ARBEITSMARKT

Die bis Ende des letzten Jahrhunderts in Deutschland vorherrschenden *Normalarbeitsverhältnisse* wird es in dieser Form in Zukunft nicht mehr oder nicht mehr so verbreitet geben. Die folgenden Skizze soll die verschiedenen Formen der Beschäftigung verdeutlichen:

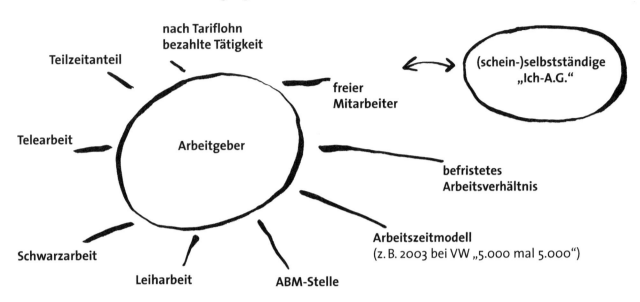

➡ Erläutere in eigenen Worten, was du dir unter den verschiedenen Beschäftigungsformen vorstellst und welche Vor- sowie Nachteile sie haben. Benutze ein extra Blatt.

Auch die früher normale *Erwerbs-* oder *Berufsbiografie* (also die berufliche Lebensgeschichte) wird es in der Ausprägung eines *in Blöcken* gegliederten Berufsganges nicht mehr geben; viele Menschen werden eine *fragmentierte*, d. h., immer wieder unterbrochene Berufsbiografie haben, wie die folgende Grafik zeigt.

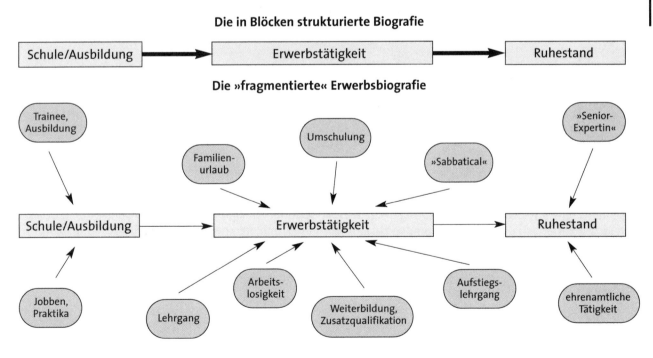

➡ Entwirf so eine fragmentierte Berufsbiografie in Modellform. Formuliere anschließend schriftlich deine Gedanken über die Vor- und Nachteile im Vergleich zu früher.

WANDEL DES TÄTIGKEITENPROFILS

Die folgenden Entwicklungen werden die Arbeitswelt in den nächsten Jahren und Jahrzehnten nachhaltig prägen:

Inhalte zunehmend:	Informationsverarbeitung, Steuerung, Koordinationsarbeit, selbstbestimmte Tätigkeiten, geistige Arbeit, Lernarbeit
abnehmend	Materialtransport, -ver- und -bearbeitung, produktionsorientierte Tätigkeiten, routinisierte, hierarchisch organisierte Tätigkeiten
Arbeitsformen abnehmend	Zentralisierung in Fabriken und Verwaltungs-/Bürokomplexen, hierarchisch-zentralistische Organisationsformen
zunehmend	Zusammenarbeit in (dezentralisierten) Gruppen und (virtuellen) Teams;
Werteorientierungen traditionell	Pünktlichkeit, Disziplin, Effizienz, Konformität, Fremdbestimmtheit, technische Kompetenz
neu	Mit- und Selbstbestimmung, Kreativität, Phantasie, Human- und Umwelt verträglichkeit, Lebensqualität, Solidarität, Entfaltung der Persönlichkeit, Wohlbefinden (Wellness), kommunikative Kompetenz
unverändert	Leistung, Arbeit als Herausforderung

(Willke, Gerhard: Die Zukunft unserer Arbeit. Hrsg. von der Niedersächsischen Landeszentrale für Politische Bildung. Bonn (Bundeszentrale für Politische Bildung) 1998, S. 87)

➡ Schaue in der Samstagsausgabe eurer Tageszeitung nach Stellenangeboten und -bewerbungen. Finden sich die in der Tabelle beschriebenen Veränderungsprozesse in den Anzeigen wieder? Stelle eine Liste auf.

➡ Formuliere selbst eine Stellenanzeige (z. B. für einen gesuchten Mitarbeiter in einer Softwarefirma, einer Versicherungsagentur, einem Betrieb der Autozulieferungsbranche oder einem anderen Betrieb deiner Wahl), in die du die oben beschriebenen Anforderungen aufnimmst.

_____

_____

_____

_____

_____

➡ Schreibe eine entsprechende Bewerbung. Trage hier die wichtigsten Eigenschaften und Fähigkeiten (‚Schlüsselqualifikationen') des sich Bewerbenden zusammen und formuliere anschließend die Bewerbung ausführlich auf einem extra Blatt.

_____

_____

_____

_____

_____

ARBEITSZEIT

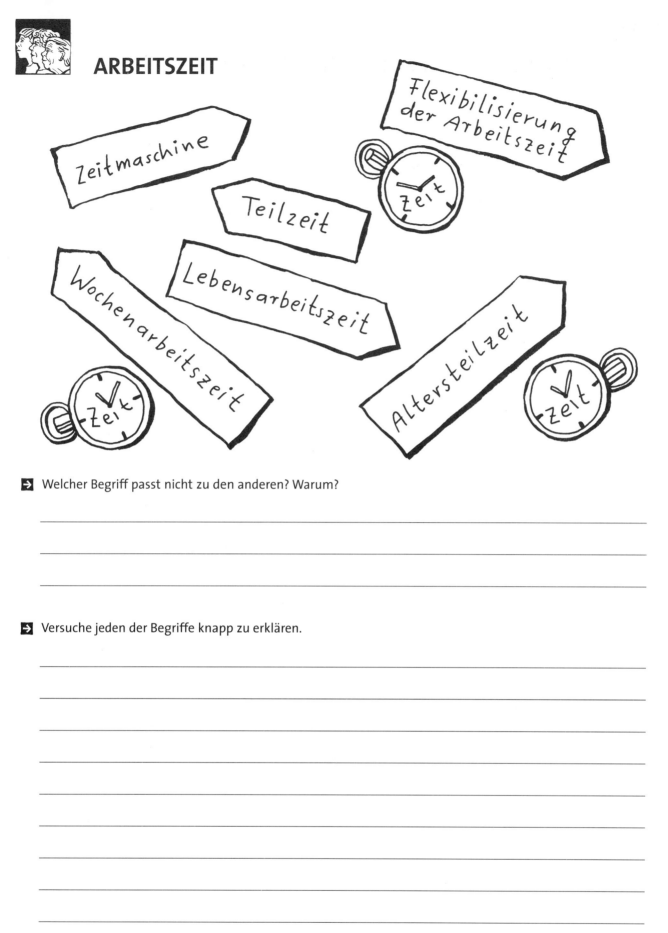

➜ Welcher Begriff passt nicht zu den anderen? Warum?

_____

_____

_____

➜ Versuche jeden der Begriffe knapp zu erklären.

_____

_____

_____

_____

_____

_____

_____

_____

_____

_____

➜ Wage einen Blick in die Zukunft. Welche Bedeutung könnte Zeit dann haben? Erprobe dich in einer kreativen Lösung dieser Frage (eventuell durch eine passende Zeichnung oder eine PC-gestützte Antwort).

GESUNDHEIT UND SICHERHEIT AM ARBEITSPLATZ

Die Initiative *Neue Qualität der Arbeit* (INQA) des Bundesministeriums für Arbeit und Wirtschaft hat die folgenden Leitgedanken zum Thema *Gesundheit und Sicherheit am Arbeitsplatz* formuliert:

❶ Schaffung eines globalen Konzepts des *Wohlbefindens bei der Arbeit*, das Veränderungen in der Arbeitswelt und das Auftreten neuer, insbesondere psychosozialer Risiken wie beispielsweise Stress am Arbeitsplatz berücksichtigt.

❷ Konsolidierung des Vorsorgegedankens durch die Kombination verschiedener politischer Instrumente sowie durch den Aufbau von Partnerschaften zwischen allen Akteuren im Bereich Gesundheit und Sicherheit bei der Arbeit.

❸ Förderung der Integration von Gesundheit und Sicherheit am Arbeitsplatz in den anderen Gemeinschaftspolitiken.

❹ Vorbereitung der Erweiterung der Europäischen Union und den weiteren Ausbau der internationalen Zusammenarbeit mit der Weltgesundheitsorganisation WHO und der Internationalen Arbeitsorganisation IAO.

▣ Informiere dich (z. B. im Internet unter www.bundeskanzler.de) über den gegenwärtigen Stand von INQA.

_____

_____

_____

_____

▣ Überlege, welche konkreten Maßnahmen für die Realisierung der vier Programmpunkte ergriffen werden könnten bzw. müssten.

❶ _____

_____

_____

❷ _____

_____

_____

❸ _____

_____

_____

❹ _____

_____

_____

▣ Wie hoch schätzt du die Erfolgschancen von INQA ein? Begründe bitte auf der Blattrückseite.

ERSETZUNG DES PRODUKTIONSFAKTORS „MENSCHLICHE ARBEIT"

➡ Interpretiere die Karikatur. Auf welche Tendenzen und Gefahren weist sie hin?

_____

_____

_____

_____

_____

➡ Stelle eine möglichst präzise Liste auf, in welchen Tätigkeitsbereichen die menschliche Arbeit durch Maschinen ersetzt werden könnte bzw. schon ersetzt wird.

_____

_____

_____

_____

_____

➡ Überlege schriftlich, was man sinnvoll gegen diese Tendenzen unternehmen kann.

_____

_____

_____

_____

_____

MÖGLICHE HANDLUNGSALTERNATIVEN FÜR DEN STAAT?

Wirtschaftsfachleute wie Politiker sehen drei grundsätzlich unterschiedliche Handlungsalternativen für staatliches wirtschaftspolitisches Handeln:

1. Mehr Wachstum durch verbesserte Rentabilität: Hauptursache der hohen Arbeitslosigkeit sind die schlechten Wirtschaftsbedingungen für Unternehmer in Deutschland. Überhöhte Produktionskosten, übertriebene staatliche Reglungen, zu hohe Steuern und sonstige Abgabequoten und zu geringe Flexibilität auf dem Arbeitsmarkt mindern die Möglichkeiten der unternehmerisch befriedigenden rentablen Produktion.

2. Mehr Arbeit und Wohlstand durch öffentlich-staatliche Beschäftigungsprogramme: Die Hauptursache für die Probleme der Arbeitsgesellschaft wird in der zu geringen Konsumnachfrage der Haushalte gesehen. Sichere und hohe Löhne, eine gerechte Steuerpolitik, die die unteren und mittleren Einkommensschichten begünstigt sowie Leistungen für sozial Schwache müssen die Hauptziele der staatlichen Wirtschaftspolitik sein.

3. Höhere Lebensqualität durch bewussten Verzicht auf Wirtschaftswachstum: Die Hauptursache (nicht nur) der Arbeitslosigkeit liegt in der zerstörerischen Wirkung des ungebremsten Wirtschaftswachstums auf Umwelt und Lebensqualität. Statt weiter nur auf die Wachstumszahlen zu starren, fordern die Vertreter dieses Konzeptes eine radikale Umorientierung hin zu qualitativ sinnvollem, an Ökologie und Nachhaltigkeit orientiertem Wachstum.

(Willke, Gerhard: Die Zukunft unserer Arbeit. Hrsg. von der Niedersächsischen Landeszentrale für Politische Bildung. Bonn (Bundeszentrale für Politische Bildung) 1998, S. 286ff.)

➡ Ordne die drei oben skizzierten Alternativen politischen Parteien und/oder gesellschaftlichen Gruppierungen in der Bundesrepublik zu.

_____

_____

_____

_____

_____

➡ Entwickle für alle drei Alternativen jeweils ein ausführliches Programm zur konkreten Umsetzung des Konzeptes in die Wirklichkeit. Trage hier erste Bestandteile eines solchen Programms zusammen. Formuliere dann ausführlich auf einem extra Blatt.

_____

_____

_____

_____

➡ Prüfe anschließend deine Programme auf Schwächen, mögliche Fehlentwicklungen und absehbare negative Begleiterscheinungen.

DEUTSCHLAND AUF DEM WEG IN DIE VERGREISUNG?

Die folgenden Zahlen basieren zwar auf Schätzungen, diese sind aber dann, wenn wir unsere augenblicklichen Lebensgewohnheiten beibehalten, ausgesprochen präzise.

→ Welche Tendenz lässt sich der Tabelle eindeutig entnehmen?

_____

_____

_____

_____

_____

_____

_____

	Deutsche Bevölkerung in den für die Erwerbstätigkeit wichtigen Altersgruppen von 20–40 bzw. 20–60 Jahren	
		davon
Jahr	20–60-Jährige	20–40-Jährige
	in Millionen	
2000	45,5	23,5
2010	45,2	19,3
2020	42,0	18,4
2030	36,2	16,3
2040	33,7	14,5
2050	30,4	13,4
2060	27,6	12,2
2070	25,4	11,1
2080	23,6	10,4
2090	21,9	9,8
2100	20,6	9,2

Birg, Herwig: Die demographische Zeitenwende.
Der Bevölkerungsrückgang in Deutschland und Europa.
München (Beck) 2003

→ Stelle einen Liste der möglichen Konsequenzen auf, die sich aus dieser Entwicklung ergeben.

_____

_____

_____

_____

_____

→ Informiere dich – z. B. im Internet oder einem Politikbuch – über den *Generationenvertrag* bei der Rentenversicherung und notiere die Grundgedanken.

_____

_____

_____

→ Parallel zu den in der Tabelle skizzierten Tendenzen werden wir Menschen hier in Deutschland statistisch gesehen immer älter. Was bedeutet das für die zukünftige Altersversorgung?

_____

_____

ALTERSSTRUKTUREN DER DEUTSCHEN UND AUSLÄNDISCHEN BEVÖLKERUNG

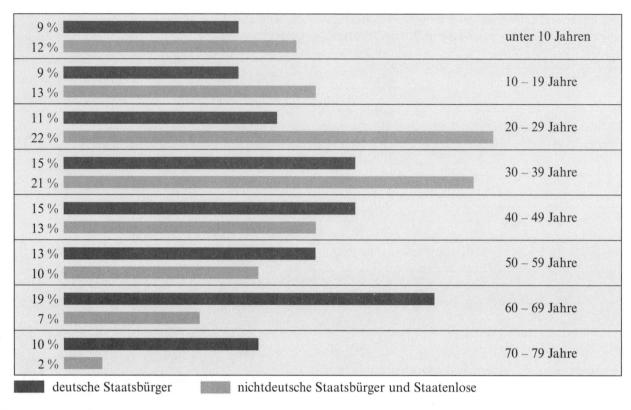

9 % / 12 %	unter 10 Jahren
9 % / 13 %	10 – 19 Jahre
11 % / 22 %	20 – 29 Jahre
15 % / 21 %	30 – 39 Jahre
15 % / 13 %	40 – 49 Jahre
13 % / 10 %	50 – 59 Jahre
19 % / 7 %	60 – 69 Jahre
10 % / 2 %	70 – 79 Jahre

■ deutsche Staatsbürger ■ nichtdeutsche Staatsbürger und Staatenlose

➡ Interpretiere die Zahlen. Welche Tendenz zeichnet sich besonders deutlich ab?

_____

_____

➡ Erläutere ausführlich schriftlich: Welche Bedeutung hat diese Tendenz für die weitere gesellschaftliche und wirtschaftliche Entwicklung Deutschlands?

_____

_____

_____

_____

_____

_____

_____

➡ Informiere dich – z.B. im Internet – über das im Juli 2004 endlich zu Stande gekommene „Zuwanderungsgesetz". Welche genauen Regelungen enthält es? Formuliere es in eigenen Worten.

➡ Schreibe einen Kommentar, ob dieses Zuwanderungsgesetz die sich aus den Zahlen ergebenen Entwicklung stoppen oder sogar umdrehen kann oder ob das Gesetz unzureichend ist. Hast du für den zweiten Fall eigene Vorschläge?

SCHLUSSRALLYE

Ordne den Begriffen links die richtigen Erklärungen von rechts zu.

(1)	Virtuelle Gemeinschaften	(1)	Ansehen (z. B. von Berufen) in der Gesellschaft.
(2)	Beratungslehrer	(2)	Beispiel für enge Zusammenarbeit von Schule und Wirtschaft.
(3)	Milieugesellschaft	(3)	Orientierungsrahmen für den monatlichen Regelunterhalt.
(4)	Entscheidungsoffene Lebensmöglichkeiten	(4)	Arbeiten im tertiären Sektor, die ein hohes Maß an Kompetenz erfordern.
(5)	Pflegeversicherung	(5)	Den größtmöglichen Effekt mit dem geringstmöglichen Aufwand erreichen.
(6)	Tertiärer Sektor	(6)	Beschreibungsmodelle der Mulitikulti-Gesellschaft.
(7)	Celestin Freinet	(7)	Romanfigur: Gymnasiallehrer vor rund 100 Jahren.
(8)	Scharia	(8)	Bodenschätze, natürliche Energiequellen, Klima.
(9)	Mobbing	(9)	In einer Marktwirtschaft gibt es zu einem gegebenen Zeitpunkt immer Leute, die gerade Arbeit suchen.
(10)	Düsseldorfer Tabellen	(10)	Wettbewerbsfähige, betriebswirtschaftlich rentable Arbeitsplätze.
(11)	Integrierte Gesamtschule	(11)	Vorstellung von Unternehmern zur Sanierung des Industriestandortes Deutschland.
(12)	Bachelor/Master	(12)	Verschwinden von Arbeitsplätzen oder ganzen Berufszweigen z. B. durch technische Veränderungen.
(13)	Medienkompetenz	(13)	Methode, um Schulunterricht möglichst störungsfrei gestalten zu können.
(14)	Schmelztiegel und Salatschüssel	(14)	Gegenmodell zum dreigliedrigen deutschen Schulsystem.
(15)	Scheinselbstständigkeit	(15)	Drangsalieren und Tyrannisieren von Mitschülern, Mitarbeitern usw.
(16)	„Zwiebelmodell"	(16)	Pflichtversicherung im Rahmen der Sozialversicherungen.
(17)	Shell-Studie	(17)	Entscheidungen für das eigene Leben, die man selbst treffen und umsetzen muss.
(18)	Friktionale Arbeitslosigkeit	(18)	Gemeinschaftsgefühl, das nicht auf der *ethnischen* Herkunft, sondern den politischen Leistungen beruht.
(19)	„Professor Unrat"	(19)	Von den Schülern gewählter Gesprächspartner der Schülervertretung.
(20)	Kleeblatt-Lösung	(20)	Indikator dafür, wie viel ein Arbeiter in einem gegebenen Zeitraum produziert.
(21)	Trainingsraumprogramm	(21)	Bewusster und kontrollierter Umgang mit Fernseher, Computer usw.
(22)	Wissensintensive Dienstleistungen	(22)	Lebenseinstellungen und -pläne, die von der sozialen Umwelt ausgehen.
(23)	Große Tarifkommission	(23)	*Chat-Rooms* u. Ä. im Internet.
(24)	Die SV	(24)	Modell zur Beschreibung der Schichtzugehörigkeit.
(25)	Urabstimmung	(25)	Modell zur Gesellschaftsanalyse, das von Interessen, Hobbys und Einstellungen ausgeht.
(26)	Substitution der Arbeit	(26)	Entscheidung, die bedingt wird von eigener Persönlichkeit, individuellem Berufswunsch und Arbeitsmarktsituation.
(27)	Sozialprestige	(27)	Groß angelegte Untersuchung über Jugendliche heute.
(28)	INQA	(28)	Schulform, die zur Fachhochschulreife führt.

SCHLUSSRALLYE

(29)	Coca-Cola-Schule	(29)	berühmter Reformpädagoge.
(30)	Klassische Wohlstands-ressourcen	(30)	Freiheit von Arbeitgeber und -nehmer, über die Höhe des Lohnes und weiteres frei zu verhandeln.
(31)	Eckdaten des Berufsfindungsprozesses	(31)	Neue Studienabschlüsse, die europaweit gelten werden.
(32)	Gesetzlicher Mindestlohn	(32)	Arbeitskampf, der deswegen als rechtswidrig verboten ist, weil die vorgeschriebene Regeln nicht eingehalten wurden.
(33)	Primärer Sektor	(33)	Vom Gesetzgeber festgelegte untere Lohnhöhe, die nicht unterschritten werden darf.
(34)	Ausbildung im dualen System	(34)	Abstimmung aller Gewerkschaftsmitglieder über einen möglichen Streik.
(35)	Strukturelle Arbeitslosigkeit	(35)	Ein-Mann-/Frau-Unternehmen: formalrechtlich selbstständiger Subunternehmer, der in Wirklichkeit abhängig arbeitet.
(36)	Das ökonomische Gesetz	(36)	Gremium von Arbeitnehmern und -gebern, um neue Löhne, Arbeitszeitregelungen usw. auszuhandeln.
(37)	ABM-Maßnahmen	(37)	Ersetzung menschlicher Arbeit durch Maschinen.
(38)	„Leistung muss sich wieder lohnen"	(38)	Der Dienstleistungsbereich in einer Volkswirtschaft.
(39)	Fachoberschule (FOS)	(39)	Betriebliche Ausbildung plus Berufsschule.
(40)	Verfassungspatriotismus	(40)	Initiative „Neue Qualität der Arbeit" des Bundesministeriums für Arbeit und Wirtschaft.
(41)	Erster Arbeitsmarkt	(41)	Staatliche subventionierte, „künstliche" Arbeitsplätze.
(42)	Rollenerwartungen	(42)	Ein Drittel reguläre Arbeit, ein Drittel unbezahlte Gemeinschaftsarbeit, ein Drittel Eigenaktivitäten.
(43)	Arbeitsproduktivität	(43)	Schülervertretung.
(44)	Wilder Streik	(44)	Islamische Rechtsordnung.
(45)	Tarifautonomie	(45)	Der landwirtschaftliche Bereich in einer Volkswirtschaft.

LÖSUNGEN

(zu S. 17)
BGB, § 1612 a, Absatz 3:

Die Regelbeträge werden in der Regelbetrag-Verordnung nach dem Alter des Kindes für die Zeit bis zur Vollendung des sechsten Lebensjahres (erste Altersstufe), die Zeit vom siebten bis zur Vollendung des zwölften Lebensjahres (zweite Altersstufe) und für die Zeit vom dreizehnten an (dritte Altersstufe) festgesetzt. Der Regelbetrag einer höheren Altersstufe ist ab dem Beginn des Monats maßgebend, in dem das Kind das betreffende Lebensjahr vollendet.

(zu S. 36)
Folgende Einteilungen mit den entsprechenden Abstufungen sollte der Erhebungsbogen enthalten.
(Ggf. kopieren und den Schülern zum Abgleich zur Verfügung stellen.)

Schulbildung

Hauptschule ohne Abschluss	0 Punkte
Hauptschulabschluss ohne Ausbildung	1 Punkt
Hauptschule mit abgeschlossener Ausbildung	2 Punkte
Realschule ohne Ausbildung	2 Punkte
Realschule mit Ausbildung	3 Punkte
Fachhochschulreife ohne Studium	4 Punkte
Fachhochschulstudium mit Abschluss	5 Punkte
Abitur ohne Studium	5 Punkte
Universitätsstudium mit Abschluss	6 Punkte
Promotion	7 Punkte
Habilitation	8 Punkte

Beruf

un-/angelernter Arbeiter	1 Punkt
Facharbeiter	2 Punkte
Höchstqualifizierter Facharbeiter (Meister)	3 Punkte
Einfacher Angestellter	2 Punkte
Qualifizierter Angestellter	3 Punkte
Leitender Angestellter	4 Punkte
Manager	5 Punkte
Untere Beamte	2 Punkte
Mittlere Beamte	3 Punkte
Leitende Beamte	4 Punkte
Kleine Selbstständige	3 Punkte
Mittlere Selbstständige	4 Punkte
Führende Selbstständige	5 Punkte

Monatliches Nettoeinkommen

Unter 500 €	1 Punkt	2.500 – 3.000 €	6 Punkte
500 – 1.000 €	2 Punkte	3.000 – 3.500 €	7 Punkte
1.000 – 1.500 €	3 Punkte	3.500 – 4.000 €	8 Punkte
1.500 – 2.000 €	4 Punkte	4.000 – 5.000 €	9 Punkte
2.000 – 2.500 €	5 Punkte	Über 5.000 €	10 Punkte

(zu S. 34)
Das Sozialprestige von Berufen (Ergebnis einer Umfrage der Autoren unter 200 Jugendlichen;
Rang 1: höchstes Sozialprestige, Rang 40: geringstes Sozialprestige)

1	Universitätsprofessor	11	Generalleutnant
2	Chefarzt eines großen Krankenhauses	12	Flugzeugführer
3	Generaldirektor eines Industriekonzerns	13	Apotheker
4	Gesandter im diplomatischen Dienst	14	Zahnarzt
5	Oberbürgermeister	15	Großhandelskaufmann
6	Bischof	16	Kriminalinspektor
7	Staatsanwalt	17	Journalist
8	Rechtsanwalt	18	Straßenbauingenieur
9	Studienrat	19	Rundfunkreporter
10	Architekt	20	Grundschullehrer

LÖSUNGEN

(Fortsetzung zu S. 34)

21	Förster	31	Kellner
22	Lokomotivführer	32	Schlossergeselle
23	Steuerberater	33	Postbote
24	Standesbeamter	34	Straßenbahnschaffner
25	Technischer Zeichner	35	Fensterputzer
26	Malermeister	36	Kanalarbeiter
27	Feinmechaniker	37	Möbelpacker
28	Verkehrspolizist	38	Gepäckträger
29	Versicherungsvertreter	39	Parkwächter
30	Krankenpfleger	40	Müllabfuhrarbeiter

(zu S. 43)

Das *Schmelztiegel*-Modell geht davon aus, dass so, wie in einer geschmolzenen Masse alle vorherigen Bestandteile untrennbar zu einer festen Verbindung zusammengemischt sind, auch gemischte Gesellschaften nach einiger Zeit nicht mehr nach ursprünglich unterschiedlichen Nationalitäten gruppiert wären, sondern sich alle völlig verwandelt hätten. Das Urbild dieses *melting pots* sind die USA – heute wären nach dieser Vorstellung alle ehemaligen Einwanderer eben nur noch Amerikaner und keine Iren, Deutsche, Italiener, Chinesen mehr usw.

Das *Salatschüsselmodell* nimmt das Gegenteil an: So wie in einem gemischten Salat immer noch die einzelnen Bestandteile (Tomaten, Gurken, Schinkenstücke, ...) deutlich erkennbar sind, sei es auch in einer Multikulti-Gesellschaft. Alle blieben – obgleich in derselben *Salatschüssel*(Gesellschaft) – deutlich ihrer Nationalität und ihren Gebräuchen, Wertvorstellungen usw. treu.

(zu S. 61)

Anhaltspunkte für die Beurteilung des Praktikumberichts (Beurteilungsschema):

Inhalt:
– inhaltliche Vollständigkeit
– Gliederung themenbezogen und in sich logisch
– keinerlei größere Abschweifungen oder Abweichungen vom Thema
– klare Definition der verwendeten Fachbegriffe
– klare und eindeutige Schilderung der eigenen Eindrücke

Schilderung des Betriebes, der Berufsbilder und der Mitarbeiter:
– vollständig
– übersichtlich
– informativ
– Kommen Betriebsangehörige zu Wort?
– Schilderung eines oder mehrerer Berufsbilder

Beschreibung eigener Tätigkeiten und Eindrücke:
– vollständig
– übersichtlich
– informativ

Methode:
– Die Beobachtungen und eigenen Recherchen waren umfangreich und aufwändig in Vorbereitung und Durchführung.
– Das Bemühen um Sachlichkeit und distanzierte Darstellung wird deutlich.
– Es wird deutlich unterschieden zwischen sachlicher Darstellung und dem eigenen Urteil.

Arbeitsergebnisse: Was hat das Praktikum dem/der Berichtenden persönlich „gebracht"?
– Das Verhältnis von Aufwand und Ergebnis ist optimal, d. h. das Ergebnis rechtfertigt den betriebenen Aufwand.
– Der Verfasser des Berichtes entwickelt und begründet selbstständig-kritisch Ergebnisse und Schlussfolgerungen.
– Die Reflexionsprozesse sind nachvollziehbar.
– Das eigene Engagement des Praktikanten kann als hoch beurteilt werden.